당신을 위한
# 수면 큐레이션

# 당신을 위한 수면 큐레이션

1판 1쇄 인쇄 2024. 08. 12.
1판 1쇄 발행 2024. 08. 23.

지은이 서수연

발행인 박강휘
편집 구예원 디자인 지은혜 홍보 박은경 마케팅 이서연
발행처 김영사
등록 1979년 5월 17일(제406-2003-036호)
주소 경기도 파주시 문발로 197(문발동) 우편번호 10881
전화 마케팅부 031)955-3100, 편집부 031)955-3200 | 팩스 031)955-3111

값은 뒤표지에 있습니다.
ISBN 978-89-349-1089-3 03180

홈페이지 www.gimmyoung.com　　블로그 blog.naver.com/gybook
인스타그램 instagram.com/gimmyoung　이메일 bestbook@gimmyoung.com

좋은 독자가 좋은 책을 만듭니다.
김영사는 독자 여러분의 의견에 항상 귀 기울이고 있습니다.

잠이 당신의 마음에 대해 알려주는 것들

당신을 위한
# 수면 큐레이션

서수연
국내 1호 수면 심리학자

김영사

# 오늘 밤
# 깊이 잠들고 싶은 당신에게

'불면증'이라는 용어를 검색해본 적이 있나요? 아마 각종 수면 영양제, 생약, 한의원, 병원, 음식과 제품 등 잠드는 데 도움이 된다는 수많은 것을 알아보았을 거예요. 지푸라기라도 잡는 심정으로 비싼 수면 영양제도 먹어보고, 베개도 바꿔보고, 잠을 부른다는 동영상도 시청해보았을 거예요. 그런 노력에도 좀처럼 나아지지 않으면 어느덧 '평생 이렇게 잠을 제대로 못 자면 어떡하지'라는 불안감에 휩싸여 밤만 되면 괴로워하게 될지도 몰라요.

만약 위와 같은 이야기가 꼭 당신의 이야기 같다면, 불면증은 당신만의 고민이 아니라는 이야기를 해주고 싶습니다. 한국에서 열 명 중 한 명은 치료가 필요할 정도로 심각한 불면증을 경험하고 있어요. 심지어 두 명 중 한 명은 자신의 수면이 만족스럽지 않다고 토로해요.

"불면증을 한 방에 해결할 방법은 없나요?" 불면증에 시달리는 분들을 만나면 제가 가장 많이 듣는 질문입니다. 모두들 간절한 마음으로 불면을 한 큐에 해결할 마법 같은 방법을 기대하지만 안타깝게도 불면증을 극복하는 만병통치약이나 꿀잠 아이템은 없어요. 주변에서 추천하는 건강보조제를 먹어도 보고, 온갖 성공 후기를 읽어보며 비슷하게 해볼수 있겠지만, 모든 사람에게 통하는 불면증 치료제는 아직까지 개발되지 않았어요.

다만 당신에게 맞는, 당신만의 수면 치료법은 있습니다. 수백 명의 불면증 환자에게는 저마다의 수백 가지 사연이 있어요. 놀랍게도 이십 년 동안 만나온 환자 중에 똑같은 이야기를 하는 사람은 단 한 명도 없었어요. 불면증이 생기게된 사연은 그만큼 다양하고, 밤마다 체감하는 괴로움의 정도와 극복하려고 선택하는 방법도 모두 다릅니다.

그래서 당신에게는 수면 큐레이터가 필요해요. 불면증을 치료하고 극복해나가는 여정은 각자의 사연만큼 다양해야해요. 당신에게 맞는, 당신만의 방법이 반드시 있다고 믿으면서 이 책을 읽어주었으면 합니다.

저는 수면 심리학자입니다. 아마 '수면 심리학'이라는 분야가 있다는 것을 처음 듣는 분도 많을 거예요. 잠은 마음과 관련이 깊습니다. 인생의 3분의 1을 잠을 자는 데 쓰는데, 그 시간에 우리는 낮에 있었던 일을 떠올리고, 기억하고, 다음 날을 또 잘 지낼 수 있게 마음을 보듬어줍니다. 그래서 잠으로 마음에 대해 많은 것을 알 수 있어요. 그리고 잠을 못 자는 이유의 일부 혹은 많은 부분이 우리 마음의 문제일 수 있어요. 내가 잠을 어떻게 자는지, 자기 전에 어떤 행동을 하는지, 잠과 관련된 습관이 어떻게 생기게 되었는지, 자기 전까지 하루를 무엇을 하며 보내는지 들여다보면 나 자신에 대해 많은 것을 알 수 있어요.

나만의 맞춤형 치료법을 안내하기 위해서 그동안 많은 내담자를 만나며 도움이 되었던 몇 가지 방법을 소개하려고 해요. 여기서 소개하는 방법 대부분이 선진국에서 가장 효과가 있다고 인정하는, '불면증을 위한 인지행동치료'라고 하는 비약물적 심리치료를 바탕으로 하고 있어요. 여러 연구는 이 책에서 하나씩 소개할 인지행동치료법을 실천하면 빠르게는 2주 이내로 효과가 나타나고, 장기적으로는 불면증을 예방할 수 있다고 밝혔어요.

저는 그동안 스탠퍼드 수면 클리닉에서 만났던 유명한 배우부터 대기업 프로그래머, 시카고에서 만났던 저소득층 기초수급자, 한국 대학병원과 심리상담소에서 만났던 잠을 못 자는 소방관, 경찰관, 그 밖에 여러 직장인에게 이 치료를 바탕으로 삼아 수년간 상담을 해왔어요. 그리고 이런 분들을 만나면서 수면이 빠르게 개선되었을 뿐만 아니라 마음의 문제도 해결되는 것을 보며 그들과 함께 기쁨을 나누었어요. 그래서 자신 있게 그동안의 노하우를 공개합니다. 그리고 당신의 고통이 줄어들기를 소망합니다.

이제는 꿀잠이 찾아오기를 하염없이 기다리기보다는 스스로 인생의 운전석에 앉아 능동적으로 잠을 다룰 수 있는 방법을 배웠으면 합니다. 이 책이 불면증을 극복하는 방법을 찾는 당신에게 좋은 길잡이가 될 수 있기를 바랍니다.

당신의 수면 큐레이터
서수연

차
례

# 1 🕐 나는 어떤 수면 유형일까?

# 2 🕐 생활 습관으로 수면 가성비 높이기

잠을 자는 시간이 아깝고,
성공을 위해 잠을 희생해야 한다고
생각했다면 꼭 기억해주세요.
잠만큼 우리의 인생에서 중요한 것은 없으며,
잠을 가치 있게 여길 때
비로소 인생에서 가치 있는 일을
할 수 있다는 것을요.

# 1

## 나는
## 어떤 수면 유형일까?

# 잠 못 드는 밤을
# 들여다볼게요

    톨스토이의 명저 《안나 카레니나》에는 이런 문구가 나옵니다. "행복한 가정은 모두 모습이 비슷하고, 불행한 가정은 모두 제각각의 불행을 안고 있다." 잠을 잘 자는 사람과 못 자는 사람도 마찬가지예요. 잠을 잘 자는 사람은 잠드는 일로 고민하지 않기 때문에 자기 전에 잠에 대해 생각하지도 않고, 잠에 별다른 관심도 없어요. 그들은 모두 그냥 '잘 자는 사람'일 뿐이에요.

    그러나 잠을 못 자는 사람은 상황이 다릅니다. 십 년도 넘게 잠을 제대로 못 자는 사람들의 이야기를 들어보면 그들의 문제는 모두 제각각이었어요. 아마도 그것은 수면이라는 행위가 잠을 잘 못 자는 사람들에게는 단순히 잠을 잘 자고 못 자는 문제가 아니라 훨씬 더 입체적인 문제가 되어버

렸기 때문일 것입니다. 잠을 잘 자는 사람에게는 잠이 그냥 '잠'일 뿐이지만, 잠을 못 자는 사람에게 잠은 충분히 길게 잤는지, 잠드는 데 오래 걸렸는지, 중간에 깨지는 않았는지, 자다가 악몽을 꿔서 일어나지는 않았는지 등등 수많은 고민을 하게 만드는 문제예요.

잠을 못 자는 것은 아니라 해서 잘 잔다고 할 수 있는 것도 아니에요. 정신 건강에 비유를 하자면, 우울하지 않다고 해서 꼭 행복한 것은 아니라는 점과 비슷해요. 정신 건강이 좋은지 알아보려면 감정 기복이 심하지는 않은지, 스트레스를 받는 일이 있을 때 쉽게 무너지지는 않는지, 힘든 일이 찾아와도 한 발은 세상에 딛고 다시 일어날 수 있는지 등과 같은 다양한 기준이 필요해요.

잠을 평가하는 기준도 다양해요. 수면학자들이 중요하다고 이야기하는 여러 기준을 충족하는지 살펴봐야 해요. 그래서 최근에는 선진국에서 신체 건강이나 정신 건강과 같은 선상에서 '수면 건강sleep health'이라는 용어를 많이 사용하고 있어요.

잘 잔다고 단언하는 사람들도 '나의 수면 건강은 안녕한가?'라는 질문에 대해 한번 생각해볼 필요가 있어요. 우리는 인생의 3분의 1을 자는 데 쓰는데, 나머지 3분의 2가 어떻게 자느냐에 달려 있기 때문이에요.

# 수면 건강을 평가하는 다섯 가지 조건

피츠버그 대학교의 저명한 수면학자 대니얼 바이시Daniel Buysse 교수는 수면 건강을 평가하는 다섯 가지 기준을 제안 했어요. 아래의 조건을 모두 충족해야 수면 건강이 좋은 사람이라고 할 수 있어요. 꼭 많이 잔다고 잘 자는 사람도 아니고, 일찍 일어난다고 수면 건강이 좋은 사람도 아니에요. 다음 다섯 가지 조건을 읽으며 자신의 잠을 다각도로 살펴볼 수 있었으면 합니다.

### 1. 수면 시간: 잠을 실제로 몇 시간 자나요?

사람마다 회복하기 위해 잠을 자야 하는 시간은 차이가 있어요. 어떤 사람은 우수한 유전자를 타고나서 다섯 시간만 자도 피로가 빠르게 풀려 멀쩡해지는 반면, 어떤 사람은 열 시간 이하로 자면 아예 일상생활을 하지 못하기도 해요. 나에게 잘 맞는 사람, 잘 맞는 옷이 있듯이 나에게 잘 맞는 수면 시간이 있습니다.

사람들은 대부분 다섯 시간에서 열세 시간 정도 자는데, 다섯 시간보다 적게 자거나 열세 시간보다 많이 자면 건강에 해로울 수 있어요. 잠을 줄여서라도 해야 할 일이 있고, 하고 싶은 일이 있겠지만, 지속적으로 다섯 시간 이하로 자면 심혈관 문제, 대사 문제 그리고 조기 사망까지 건강상의 문제가 다양하게 생길 수 있어요.

## 2. 수면의 연속성: 중간에 깨지 않고 자나요?

불면 증상은 크게 세 가지로 나눠볼 수 있어요. 침대에 일단 누워서 불을 껐는데 잠들기까지 30분 이상 걸리는 것, 중간에 깨서 다시 잠들기까지 30분 이상 걸리는 것, 계획했던 시간보다 너무 일찍 일어나서 다시 잠들지 못하는 것입니다. 침대에 누웠는데 잠들기까지 오래 걸리면 '수면 개시'에 문제가 있다고 하고, 잠은 쉽게 들었는데 중간에 깨서 오랜 시간 다시 잠들지 못하거나, 원하는 기상 시간보다 훨씬 일찍 깨서 억지로 하루를 시작한다면 '수면의 연속성'에 문제가 생겼다고 해요. 불면증이 심하다면 수면의 개시 문제와 수면의 연속성 문제를 둘 다 가지고 있을 수 있어요.

불면증 때문에 찾아온 한 내담자는 부서 이동을 한 뒤로 너무 피곤해서 집에 오면 대충 옷만 벗고 9시쯤 쓰러져 잠들었다가 새벽 2~3시쯤 깨서 더는 잠이 오지 않아 새벽 5~6시 정도까지 잠을 설쳐서 괴롭다고 호소했습니다. 어쩔 땐 몇 시간 동안 스마트폰으로 동영상을 보다가 새벽에 잠깐 가볍게 잠들 때도 있지만, 그러지 못한 날이 더 많았어요. 그래서 대부분 서너 시간밖에 잠을 못 자고 버티며 항상 피곤해 했어요. 이렇게 잠드는 데 문제는 없지만 한밤중에 일어나 오랜 시간 다시 잠들지 못하는 것도 수면의 연속성 문제이기 때문에 수면 건강에 적신호라는 점을 기억해주세요.

3. 수면의 타이밍: 최적의 시간에 잠에 드나요?

우리의 수면은 24시간의 주기를 조절하는 생체리듬에 따라 달라져요. 그래서 모든 사람에게 수면을 취하기 위한 '최적의 시간'이 있어요. 유전적으로 타고난 부분도 있고, 나이에 따라서 달라지기도 해요. 저녁에 일찍 자고 아침에 일찍 일어나기를 선호하는 '아침형', 밤에 늦게 자고 아침에 늦게 일어나기를 선호하는 '저녁형'이 있어요. 또한 발달학적으로 보통 10대부터 20대 중반까지는 저녁형 성향이었다가 나이가 들면서 점점 아침형 성향으로 바뀌기도 해요.

타고난 성향은 저녁형이지만 학교나 직장과 같은 사회적 제약 때문에 강제적으로 아침형으로 살아야 하는 경우도 있어요. 밤에 활동하기를 좋아하지만, 사회생활 혹은 학교생활 때문에 낮에 활동해야 해서 내가 선호하는 수면 시간과 사회가 나에게 강제하는 수면 시간이 어긋날 수 있어요.

예를 들어, 성향이 저녁형인 사람들은 밤늦게 활동하기를 좋아하지만, 아침 일찍 출근을 해야 하기 때문에 타고난 내적 생체시계를 무시하고 억지로 일찍 잠을 청하려고 하는 경우가 많아요. 대부분 이런 저녁형은 본인의 몸이 원하는 수면 구간이 아니기 때문에 잠드는 데 시간이 오래 걸려요. 그리고 오래 뒤척이다 늦게 잠들었다면, 일찍 일어나는 것이 더 힘들어져요. 그래서 주중엔 수면 부족 상태로 버티다가 주말에 강제적 주중 일정은 던져버리고 본인의 생체리듬에 맞춰 늦게 자고 늦게 일어나요.

이런 경우에 문제는 출근(혹은 등교) 전 일요일 밤이에요. 이때 주중의 출근(혹은 등교) 시간 압박으로 다시 일찍 잠을 청해보지만, 이미 뒤로 미뤄진 생체리듬과 주말 동안 몰아 잤던 여파 때문에 쉽게 잠들지 못할 가능성이 높아요. 결국 이런 생활을 반복하다 보면 주중과 주말의 수면 패턴 사이에 큰 편차가 생길 수밖에 없어요. 나의 수면에 대해 대수롭게 여기지 않았더라도 지금 이런 생활을 하고 있다면, 그 역시 수면 건강이 좋지 않다는 것을 의미해요(더 자세한 내용은 96쪽 사회적 시차 관련 내용을 참고해주세요).

4. 수면 만족도: 수면의 질이 좋고 만족스러운가요?

수면의 질과 수면에 대한 만족도는 지극히 주관적이에요. 병원에서 하룻밤을 자며 뇌파, 호흡, 근전도, 산소포화도 등을 살펴보며 수면에 문제가 있는지 평가하는 수면다원검사 polysomnography가 있어요. 수면에 문제가 있는지 정확하게 알려줄 수 있는 검사이기는 하지만, 이 검사는 나의 수면의 질quality이 좋은지는 알려주지 못해요. 왜냐하면 그것은 나만 알고 느낄 수 있는 부분이에요. 간혹 이렇게 힘들게 검사를 했는데도 수면에 문제가 없다는 힘 빠지는 이야기를 듣는 경우도 있어요. 그러나 이런 검사 결과와는 별개로 나의 잠에 대해 스스로 만족하고 있는지 돌아보세요. 만약 다른 네 가지 수면 건강 요인에 문제가 없지만 수면이 만족스럽지 않다면, 수면에 대한 나만의 기대와 생각을 한번 돌아보세요. 그것이 수면을 개선하는 데 도움이 될 수 있을 거예요 (더 자세한 내용은 143쪽 수면 신념 관련 내용을 참고해주세요).

### 5. 낮 동안의 기능: 잠을 못 자서 낮에 피곤하거나 감정 기복이 있나요?

수면의 가장 중요한 기능은 우리가 낮 동안에 중요하게 생각하는 일들을 활력 있게 해낼 수 있게 하는 것입니다. 즉 아무리 지루한 상황에 처하더라도 졸지 않고, 낮에 깨어 있을 수 있는 몸 상태를 의미하기도 해요. 자는 시간만 보았을 때는 문제가 없지만, 봄날의 병든 병아리처럼 낮에 자주 졸거나 자도 자도 졸리다고 느끼면 결코 좋은 수면을 취하고 있다고 할 수 없어요. 잠을 잘 못 자서 주변 사람에게 평소보다 쉽게 짜증을 내거나, 우울하고 감정 기복이 있다면, 잠 때문에 나의 낮이 지장을 받는 것이에요.

결국 우리가 잠을 잘 자야 하는 이유는 깨어 있는 시간 동안 인생을 즐기고 우리에게 중요한 것들을 해낼 수 있어야 하기 때문이에요. 따라서 누군가 저에게 잠을 몇 시간 자야 하는지 물으면 저는 이렇게 대답해요. "사람마다 필요한 잠의 양은 달라요. 그러니까 나에게 맞는 잠의 양을 찾아보세요. 낮에 졸지 않고, 내가 가장 좋은 상태로 좋아하는 것들을 즐길 수 있을 정도로 자는 것이 나에게 맞는 수면의 양입니다."

# 잠도 배워야 는다!
# 수면의 비결 알아보기

대학원 시절에 미국의 한 병원에서 체중이 120~200킬로 그램에 달하는 초고도비만 환자들을 몇 년간 상담한 적이 있어요. 환자 대부분이 비만으로 인한 여러 합병증을 앓고 있어 체중감량이 꼭 필요한 환자들이었어요. 이들은 위우회 술gastric bypass surgery을 받기로 예정되어 있었는데, 위우회 술은 위를 야구공처럼 작게 절개하는 수술로 환자가 조금만 먹어도 포만감을 느껴 체중이 빠르게 감량됩니다.

제가 만난 환자들 중에는 이 수술을 받으면 체중이 갑자기 감량되면서 체중으로 인한 인생의 다른 문제들도 자동적으로 해결되고, 심지어 체중 관련 문제가 영원히 사라질 것이라고 기대하는 경우가 많았어요. 한 환자는 이 수술을 통해 외모에 대한 자신감뿐만 아니라 좋은 직장을 얻고, 더 나아가 소울메이트를 만나 결혼하겠다는 꿈에 부풀어 있었어요.

하지만 수술한다고 해서 만사가 다 해결되는 것은 아닙니다. 폭식이나 야식과 같은 나쁜 습관을 고치지 않아 재수술을 해야 하는 경우도 다반사고, 생활 습관에 변화를 주지 않아 요요 현상으로 체중이 다시 증가해 좌절하는 경우도 자주 발생해요.

이들을 만나면 꼭 "체중을 감량하기 위해 어떤 노력을 했어요?"라는 질문을 했어요. 만나는 분마다 웬만한 다이어트는 다 해보았고, 유명한 다이어트 약이나 살 빠진다는 건강보조제도 이미 먹어보았고, 체중감량에 도움이 된다는 운동기구는 하나씩 집에 다 구비하고 있었어요. 체중을 감량할 때는 그 어떤 신박한 약이나 운동기구가 아니라 내가 섭취한 열량보다 더 많은 양을 소비해야 한다는 황금 원리가 제일 중요해요.

잠도 체중감량과 비슷한 이치가 적용되어요. 수면도 체중감량처럼 중요한 과학적 원리가 있어요. 약물이나 건강 제품을 통해 하루 잠을 잘 잤다고 해서 수면의 근본적인 문제가 해결되지는 않아요. 수면의 과학적인 원리를 잘 알고, 그에 맞춰 좋은 생활 습관을 유지할 때 비로소 잠을 잘 자고 싶다는 오랜 숙원을 이룰 수 있을 거예요.

그래서 수면의 과학적인 원리를 잘 이해하고, 그에 맞춰 좋은 생활 습관을 유지해야 하며, 이를 위해 꾸준하고 의식적으로 노력해야 해요. 홍삼 한 번 먹고 하루 열심히 운동했다고 건강한 몸을 만들 수 있는 것이 아닌 것처럼, 좋은 베개를 쓰고 비싼 매트리스에 눕는다고 해도 건강한 수면을 할 수 있는 것이 아니에요. 결국 숙면을 취할 수 있는 기본 원리 세 가지를 꾸준히 실천해야 해요.

다이어트를 결심해도 맛있는 음식 앞에서 무너질 수 있듯이, 건강한 수면 습관을 지키리라 다짐해도 드라마 다음 편이 궁금해서, 친구 모임이 너무 즐거워서 등 다양한 이유로 우리의 잠은 쉽게 뒷전으로 밀려날 수 있어요. 하지만 수면은 인생의 큰 부분인 만큼 어제의 무너진 마음을 자책하며 좌절하기보다는 오늘의 새로운 결심으로 나아갔으면 좋겠습니다.

## 쉽게 잠들 수 있는 수면의 원리

건강하게 수면을 취할 수 있는 사람이 되려면 수면의 기본 원리 세 가지를 잘 알아야 해요. 해당 원리를 잘 알면 언제 누워야 숙면을 취할 수 있는지, 언제 누우면 잠을 설치는지, 얼마나 자야 피로가 풀리는지, 자려고 노력해도 왜 계속 잠을 깨는지 등을 파악할 수 있어요.

## 1. 높은 수면 욕구: 깨어 있는 시간이 충분히 길다

잠의 질을 좌우하는 첫 번째 중요한 원리는 깨어 있는 시간이 충분히 길어야 한다는 것이에요. 수면의학에서는 이것을 "수면 욕구가 높아야 한다"라고 표현해요. 굶는 시간이 길어질수록 식욕이 증가하듯이, 오랫동안 깨어 있으면 우리 몸에 아데노신이라는 성분이 축적되어 잠을 자고 싶은 욕구가 높아져요. 잠을 못 자는 사람들은 낮잠을 자거나, 밤에 잠들지 못할 것을 대비해서 초저녁에 미리 자버릴 수 있어요. 그런 경우에는 밤에 수면 욕구가 충분히 생기지 않아서 쉽게 잠들지 못해요. 마치, 저녁밥을 먹기 전에 라면을 먹고 입맛이 없어지는 것과 같이, 미리 수면 욕구를 채우고 나면 밤에 잠이 오지 않아요.

갱년기 증상으로 우울함을 호소하는 한 여성 내담자가 있었습니다. 그 내담자는 자녀들이 모두 출가해서 하루 종일 심심하다고 했고, 모든 것을 귀찮아했어요. 낮에는 소파나 침대에 누워 텔레비전을 보다가 자기도 모르게 잠깐씩 졸았어요. 문제는 밤에 생겼어요. 하루 종일 수면 욕구를 조금씩 채운 탓에 밤이 되어도 정신이 맑고 잠이 오지 않아 침대에 누워 온갖 잡념에 시달렸어요. 내담자에게 낮잠을 중단하고,

텔레비전을 볼 때는 무조건 국민체조를 하며 보라고 했더니 낮에 조는 습관이 조금씩 개선되기 시작했어요. 밤에 잠이 안 오면 낮에 시도 때도 없이 졸거나 자는 시간이 아닐 때 누워 있게 되는데, 이는 현재의 피곤함을 모면하기 위한, 좋은 전략처럼 보이지만 오히려 나의 잠을 앗아가는 도둑이 될 수 있다는 것을 기억해주세요.

### 2. 일주기리듬 맞추기: 자신의 일주기리듬에 맞춰 잠을 청한다

잠의 질을 좌우하는 두 번째 중요한 원리는 일주기리듬 circadian rhythm을 맞추는 거예요. 지구가 24시간 주기로 자전하면서 빛과 어두움의 주기가 반복됨에 따라 생물학적 주기도 약 24시간에 한 번씩 반복되는데, 이를 생물체의 일주기리듬이라고 해요. 잠뿐만 아니라 체온, 호르몬 등 우리 몸의 신호 가운데 상당수가 이런 주기를 따르고 있어요. 그리고 하루 중 내 몸의 일주기리듬을 통해 알 수 있는 적합한 시간대에 잠을 청해야 숙면할 가능성이 높아져요.

일주기리듬에 관한 흥미로운 실험을 하나 소개할게요. 시카고 대학교의 너새니얼 클라이트먼Nathaniel Kleitman 교수는 수면의 역사를 쓴 것으로 평가받는 저명한 수면학자예요. 그는 몰도바에서 미국으로 이민을 떠나며 사람들이 인정할 만한 연구를 하겠다고 마음먹었어요. 그래서 그는 1938년

시카고 대학교에 부임하면서 자신의 제자인 대학원생 리처드슨Richardson과 함께 켄터키주에 있는 매머드 동굴에서 32일간 생활하는 실험을 시도하게 됩니다. 빛이나 시간 단서 없이 인간의 몸이 생체시계에 따라 규칙적으로 움직이는지 알아보기 위해서였습니다.

어두컴컴한 동굴 안에서 그는 제자와 생활하면서 인간이 통상적으로 생활하는 24시간의 하루를 무시하고 강제로 하루를 28시간으로 정하고 생활했어요. 32일간 진행된 이 실험으로 새로운 사실을 발견했습니다. 빛이나 시간 단서가 없어도 사람의 몸은 24시간을 주기로 돌아간다는 것을 확인한 거예요.

어두운 동굴에서 낮인지 밤인지 구분을 하지 못하는데도 인간의 뇌는 대략 언제 잠을 자고 언제 일어나서 활동해야 하는지 알고 있었어요. 따라서 우리의 몸도 이렇게 24시간의 주기로 돌아가기 때문에 그 주기에 맞춰 잠을 청하고, 하루를 시작하는 것이 가장 이상적이에요.

그러나 혹시 알고 있었나요? 지구는 24시간 주기로 돌아가지만, 우리 몸의 일주기리듬은 정확하게 24시간이 아니라는 것을요. 그 초기 연구를 시작으로 수많은 연구가 인간은 타고난 생체리듬이 있다는 사실을 증명했어요. 한 주기가 시작해서 그 주기를 완료하고 다시 시작하는 시간을 타우tau

라고 표현해요. 어떤 사람은 그 주기가 23.5시간으로 짧기도 하고, 어떤 사람은 25시간으로 길기도 해요. 이렇게 사람마다 일주기리듬의 편차가 있어요. 평균적으로 사람의 생체리듬은 24.16시간으로, 대부분 24시간보다 조금 길어요. 그래서 특별한 일정이나 사회적 제약 없이 잠을 자고 깰 수 있다면, 매일 조금씩 더 늦게 일어나는 것을 발견할 수 있습니다. 방학 동안의 학생들, 휴가 동안의 직장인들에게서 흔히 볼 수 있는 현상이에요.

우리의 일주기리듬은 24시간 동안 시간대에 따라 잠을 깨우는 신호가 강하기도 하고, 약하기도 해요. 그래서 잠은 타이밍이에요. 피곤하다고 무작정 누우면 안 돼요. 밤을 새우고 피곤한 상태로 누워도 잠들기 어려운 이유 역시 일주기리듬 때문이에요. 우리의 몸에서 '깨는 신호'를 강하게 보낼 때는 잠을 자기 어렵고, 신호가 약할 때는 잠을 자기 수월해요. 사람들은 대부분 평균적으로 저녁 9시 전후로 깨는 신호가 강력해져서 정점을 찍고, 그 이후부터는 점점 약해져요. 그래서 그 이후에는 잠을 자는 것이 수월해져요. 이 수면 구간을 놓치지 말고 잠을 자는 것이 중요해요. 물론 성향이 저녁형에 가깝다면 잠을 자고 싶은 이상적인 수면 구간은 조금 더 늦게 올 수도 있어요.

### 3. 낮은 스트레스: 마음이 편해야 잠이 온다

스트레스를 받으면 우리의 몸은 잠을 거부하게 됩니다. 스트레스를 우리의 뇌가 위협으로 느끼고 해석하기 때문이에요. 즉 잠의 질을 좌우하는 세 번째 중요한 원리는 마음이 편하고 스트레스를 받지 않는 것이에요. 어쩌면 가장 중요한 원리일 수도 있어요.

수면 체계와 상관없이 우리의 몸은 위험을 감지하면 수면을 억제하게 되어 있어요. 우리의 뇌는 며칠을 자지 못했어도 위협을 느끼면 '위협 모드'를 가동하고, 깨어 있으려고 하면서 살기 위해 몸부림을 치게 돼요. 진화론적으로 생각했을 때, 우리 조상들에게는 이런 본능이 생존하는 데 유용했을 거예요. 그 당시에는 맹수에게 쫓기거나 전쟁이 나면 도망 혹은 맞서 싸우는 것이 살아남을 가능성이 가장 높은 전략이었기 때문이에요.

그러나 현대 사회에서 우리가 느끼는 위협은 예전처럼 맹수에게 쫓기는 형태는 아니나 인간관계 내에서의 갈등, 직장 내 성과에 대한 압박, 가족 구성원의 사망, 육아 스트레스 등 다양한 형태로 존재해요. 우리의 뇌는 전쟁이 나도, 친구와 싸워도, 직장에서 저조한 성과 평가를 받아도 동일한 위협으로 느끼기 때문에 '위협 모드'로 들어가게 돼요. 그리고 살아남아야 하기 때문에, 잠을 자지 못하게 몸에 지시를 내려요. 따라서 하루 종일 받은 각종 스트레스를 그대로 안고 침대에 눕는다면 잠들기 어려울 수밖에 없어요. 당신의 몸과 마음은 그 순간에 전쟁을 치르고 있는 상태와 마찬가지이기 때문이에요.

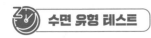
　스마트 워치로 자신의 수면 패턴을 측정해본 적이 있나요? 2021년에 저는 웨어러블 기기의 선두를 달리고 있는 삼성 갤럭시워치 팀, 삼성서울병원 수면클리닉과 공동으로 삼성헬스 안의 수면 코칭 애플리케이션을 개발했습니다. 갤럭시워치를 일주일 이상 착용하고 자면 수면에 어떤 문제가 있는지 확인할 수 있어요.

　다음 질문지는 삼성헬스 애플리케이션에서 활용된 수면 유형 테스트를 축약한 내용입니다. 질문지를 통해 갤럭시워치가 없어도 자신의 수면 유형을 알아볼 수 있어요. 앞에서 언급한 수면의 중요한 세 가지 조건에 기반해서 나의 수면 유형을 알아보고, 어떤 노력을 집중적으로 해보면 좋을지 확인해볼 수 있습니다.

　본인의 수면 유형을 더 정확하고 자세하게 알아보고 싶다면 갤럭시워치를 활용해 삼성헬스 애플리케이션에서 무료로 이용할 수 있습니다(아이폰은 지원하지 않아요).

## 1. 수면 욕구에 문제가 있나요?

▶ 매일 자는 시간이 5.5시간 미만인가요?

▶ 낮 시간을 활동적으로 보내지 않는 편인가요?('활동적' 기준: 하루 평균 걸음 수가 6,000보 이상인 경우)

▶ 낮잠을 자주 자고, 보통 30분 이상 낮잠을 자나요?

**두 문항 이상 해당하는 경우**

▶ 예 ☐

**나머지 경우**

▶ 아니오 ☐

## 2. 생체리듬이 저녁형인가요?

▶ 다음 장의 일주기리듬 유형 질문지 를 완성해보세요. 점수가 7~11점 사이인가요?

▶ 예 ☐

▶ 아니오 ☐

## 3. 삶의 긴장도가 높은가요?

▶ 밤에 자다가 2회 이상 깨서 화장실에 가나요?

▶ 깊은 잠을 못 자고 선잠을 자나요?

▶ 잠들기 전, 이런저런 걱정 거리들을 많이 떠올리는 편인가요?

**두 문항 이상 해당하는 경우**

▶ 예 ☐

**나머지 경우**

▶ 아니오 ☐

1. 낮 시간을 자유롭게 보낼 수 있다면 최상의 리듬을 느끼기 위해 당신은 언제 일어나겠습니까?(아래 표에 한 구간으로 표시하시오.)

| 채점 방법 | 5:00~6:30 5점 | 6:30~7:45 4점 | 7:45~9:45 3점 |
|---|---|---|---|
| | 9:45~11:00 2점 | 11:00~12:00 1점 | |

2. 아침에 깨서 30분 동안 얼마나 피로감을 느낍니까?

☐ 매우 피곤하다. (1점)   ☐ 꽤 피곤하다. (2점)

☐ 꽤 개운하다. (3점)   ☐ 매우 개운하다. (4점)

3. 저녁 몇 시에 피로감을 느껴 잠을 자고 싶습니까?

(아래 표에 한 구간으로 표시하시오.)

| 채점 방법 | 8:00~9:00 5점 | 9:00~10:15 4점 | 10:15~12:45 3점 |
|---|---|---|---|
| | 12:45~2:00 2점 | 2:00~3:00 1점 | |

32

## 4. 하루 중 당신의 리듬은 언제 최고가 된다고 생각합니까?

(아래 표에 한 칸에만 표시하시오.)

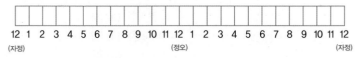

| 채점 방법 | 12:00~4:00 1점 | 4:00~7:00 5점 | 7:00~10:00 4점 |
|---|---|---|---|
| | 10:00~5:00 3점 | 5:00~10:00 2점 | 10:00~12:00 1점 |

## 5. 사람의 일주기리듬 유형을 아침형과 저녁형으로 나눈다고 하는데, 본인은 다음 중 어떤 유형이라고 생각합니까?

☐ 확실히 아침형이다. (6점)

☐ 저녁형보다는 아침형에 가깝다. (4점)

☐ 아침형보다는 저녁형에 가깝다. (2점)

☐ 확실히 저녁형이다. (0점)

▶ 5개 문항의 모든 점수를 합하세요: _____

나의 일주기리듬 유형은?

| | |
|---|---|
| **확실한 아침형** | 22 – 25점 |
| **보통 아침형** | 18 – 21점 |
| **중간형** | 12 – 17점 |
| **보통 저녁형** | 8 – 11점 |
| **확실한 저녁형** | 4 – 7점 |

## 수면 유형 결과 분석

### 걱정 없는 사자형

사자는 주행성 동물로
평균 10-15시간 잠을 잔다.

**수면욕구** **아니오**
**생체리듬** **아니오**
**긴장도** **아니오**

수면을 방해하는 세 가지 요인에 모두 해당하지 않아 건강한 수면 생활을 하고 있어요. 일정한 시간에 잠들고, 충분히 오래, 깊이 자는 편입니다.

**수면 큐레이션** 충분히 잘 자고 있어요. 이 책은 가볍게 수면에 대한 교양 지식을 쌓기 위해 읽고, 향후 잠을 못 잘 때 예방책을 잘 숙지해주세요.

### 느긋한 바다코끼리형

바다코끼리는 84시간 동안 깨어 있을 수 있고, 한번 잠을 자면 최대 19시간 동안 잔다.

**수면욕구** **예**
**생체리듬** **아니오**
**긴장도** **아니오**

일정한 시간을 자지만 수면 시간이 부족하고, 밤에 깨어 뒤척거리는 시간이 긴 편입니다.

**수면 큐레이션** 77, 85, 99쪽을 읽어보세요.

## 햇빛이 싫은
## 두더지형

두더지는 야행성 동물이며
사람과 비슷하게 평균
여덟 시간 정도 잠을 잔다.

**수면욕구 아니오**
**생체리듬 예 긴장도 아니오**

잠에서 깨지 않고 충분한 수면을
하는 편이지만, 규칙적으로 수면
하지 않습니다. 밤에는 늦게 잠들
고 아침에는 늦게 일어나는 야행
성입니다. 일을 하거나 학교에 가
기 위해 주중에 일찍 일어나면 주
말에는 몰아서 잠을 자는 편입니
다. 이 유형은 밤에 집중을 더 잘하
기 때문에 늦게 잠드는 경우가 많
아 아침에 일찍 깨는 데 어려움을
느낍니다.

**수면 큐레이션** 54, 63, 96, 99,
111쪽을 읽어보세요.

## 경비병
## 황제 펭귄형

펭귄은 항상 긴장한 상태로
자는 동물로 수면 시간이
3시간 30분으로 상당히 짧으며,
산발적으로 자고 긴장을 전혀
풀지 않는다.

**수면욕구 아니오**
**생체리듬 아니오 긴장도 예**

충분한 수면을 하고 취침 시간도
일정하지만 중간에 자주 깨는 편
입니다. 긴장감과 불안함을 느끼면
서 침대에 오래 누워 있기 때문에
잠드는 데 시간이 오래 걸려요. 침
대에 누워 하루 동안 있었던 후회
스러운 일을 떠올리고 미래에 대한
걱정으로 쉽게 잠들지 못합니다.

**수면 큐레이션** 54, 105, 129,
136, 143, 156쪽을 읽어보세요.

## 예민한
## 고슴도치형

고슴도치는 야행성 동물로 밤 시간에 활발하고 경계심이 많다.

**수면욕구 아니오**
**생체리듬 예 긴장도 예**

수면 시간은 충분하지만, 깨어 있는 시간이 많거나 규칙적으로 수면하지 않습니다. 밤늦게 잠들고 아침에도 늦게 일어나는 야행성입니다. 졸리기 전에 침대에 누워 스트레스 요인을 생각하느라 쉽게 잠들지 못하는 경우가 많습니다.

**수면 큐레이션** 54, 63, 96, 99, 105, 111, 129, 136, 143, 156쪽을 읽어보세요.

## 사냥꾼
## 악어형

악어는 야행성이며 마치 윙크를 하는 듯이 한쪽 눈만 감고 잠을 자거나 주위를 살피며 먹잇감을 공격한다.

**수면욕구 예**
**생체리듬 예**
**긴장도 아니오**

밤에 더 활동적인 악어처럼 잠들지 않은 채로 침대에서 다른 일을 하느라 시간을 오래 보내거나 쉽게 잠들지 못하고 아침에도 늦게 일어나는 경향이 있습니다. 수면 시간이 충분하지 않고, 잠에서 자주 깨며, 규칙적으로 수면하지 않습니다. 일을 하거나 학교에 가기 위해 주중에 억지로 일찍 일어나게 되면 주말에 몰아서 잠을 자는 편입니다.

**수면 큐레이션** 54, 63, 77, 85, 96, 99, 111쪽을 읽어보세요.

## 쫓기는 사슴형

사슴은 보통 10분 이내로 토막잠을 자고, 겁이 많아 이상한 낌새를 느끼면 바로 도망간다.

**수면욕구** **예**
**생체리듬** **아니오**
**긴장도** **예**

겁이 많아 위협을 느낄 때 재빨리 도망치는 사슴처럼 규칙적으로 잠자리에 들지만 자는 도중에 뒤척거리거나 잠에서 깨어 충분히 자지 못하는 경향이 있어요.

**수면 큐레이션** 54, 77, 85, 99, 105, 129, 136, 143, 156쪽을 읽어 보세요.

## 피곤에 찌든 상어형

상어는 야행성이며, 잠을 거의 자지 않는다. 잠들 경우 아가미로 호흡을 하지 못하기 때문에 늘 잠에서 깨어 있어야 한다.

**수면욕구** **예**
**생체리듬** **예**
**긴장도** **예**

쉬지 않고 움직이는 상어처럼 자는 시간이 충분하지 않습니다. 잘 때 뒤척거리고 수면이 불규칙적인 편입니다. 주말에 잠을 몰아서 자고, 평소에 잠에 대해 만족하지 못하고 늘 피곤하다는 생각을 안고 살아요.

**수면 큐레이션** 책 전체를 정독해 주세요.

# 어쩌면 만성 피로에
# 시달리는 당신

성공하려면 반드시 잠을 줄여가면서 노력해야 한다는 메시지를 곳곳에서 볼 수 있습니다. 몇 년 전, 국내 S 침대 회사 광고에는 토머스 에디슨이 등장해 이렇게 외쳤어요. "잠은 인생의 사치입니다!" 실제로 에디슨은 수면의 적enemy으로 지목될 정도로, "잠을 잔다는 것은 범죄를 저지른다는 것과 동일하게 시간 낭비이며, 예전 조상들이 동굴에 살 때나 하는 행동이었다"라는 (말도 안 되는) 말을 한 적도 있어요.

자동차 브랜드명으로 더 친근한 전자공학자 니콜라 테슬라Nikola Tesla는 그 분야에서 업적을 남겼지만 하루에 두 시간 이상 자지 않았고, 일에 몰두할 때는 84시간 이상 잠을 자지 않고 일을 했다고 해요. 이렇게 이름을 날리는 위인들이 잠의 중요성을 무시하는 발언을 하면 이런 이야기를 들은 사회 구성원들은 사회에서 성공을 거두려면 몸을 혹사하며 잠을 줄여야만 한다고 생각할 수도 있어요.

그러나 실제로 에디슨은 틈만 나면 낮잠을 잤고, 테슬라도 매일 낮에 졸거나 낮잠을 잤어요. 특히 테슬라는 이처럼 생활을 불규칙적으로 하다가 25세에 정신병원에 입원하기도 했어요. 이런 사실을 보면 보이는 것이 다가 아니라는 것을 우리는 짐작해볼 수 있어요.

## 수면의 여러 기능

잠은 왜 자야 할까요? 아직까지 수면의 모든 기능을 완벽히 밝힌 것은 아니지만, 대체로 우리 몸의 회복, 신체조직의 성장, 체온 및 신체 대사 조절에 중요하다고 해요. 그뿐만 아니라 우리의 기억을 더 단단하게 만들어주고 면역력 향상 및 유지에도 도움을 준다고 해요. 그 외에도 잠을 못 자면 우울해진다는 많은 연구 결과처럼 잠은 우리의 정신 건강에 중요해요.

정신의학신문[1]에서 이상수 정신건강의학과 전문의는 잠을 못 자면 '아.뚱.멍.단.'이 찾아온다고 재미있게 표현했는데, 이는 잠을 못 자면 아프고, 뚱뚱해지고, 멍해지고, 결국 단명

할 수 있다는 뜻입니다. 이를 뒷받침하는 수많은 연구와 근거가 있어요.

우리가 잠을 잘 자야 하는 또 하나의 이유는 낮 동안에 온전히 깨어 있기 위해서예요. 낮 동안 깨어 있는 상태를 평가할 수 있는 정신운동성 각성 검사Psychomotor Vigilance Test: PVT가 있는데, 10분 동안 빈 화면에 있는 상자를 주시하다가 불시에 상자 안에 숫자가 나타나면 최대한 빠르게 화면을 터치해서 하는 검사입니다.

10분이라고 하면 별로 길지 않은 시간이라고 생각할 수 있겠지만, 수면이 부족한 사람은 10분 동안 지루한 검사를 하면서 깨어 있기 몹시 힘듭니다. 따라서 잠을 충분히 잔 사람과 수면이 부족한 사람을 비교하면, 잠이 부족한 사람들은 숫자가 갑자기 나타났을 때 화면을 빠르게 터치하는 반응 속도가 더 느리며, 숫자가 있어도 깜빡 조느라 놓치기도 하고, 없는 숫자가 있다고 인지해 화면을 잘못 터치하기도 해요.

수면이 극단적으로 부족해지면, 결국 우리의 몸은 초미세수면microsleep 상태로 들어갈 수 있어요. 초미세수면이란 짧은 시간 동안 (주로 30초 이내로) 잠깐 의식을 잃고 잠드는 것으로, 눈꺼풀이 무거워지고 잠깐 졸게 됩니다. 이때 뇌파를 보면, 깨어 있는 베타파(8~13Hz)가 아니라 잘 때 나오는 세타파(4~7Hz)가 나와요. 잠깐 조는 사이에 자동차를 운전하

각성 상태를 평가하기 위한 정신운동성 각성 검사 | 검은색 화면 안의 파란색 상자 안에 불시에 숫자가 나타나면 화면을 빠르게 터치하여 각성 상태를 평가하는 검사이며, 피로나 졸림과 관련된 검사의 황금 기준으로 삼고 있어요.

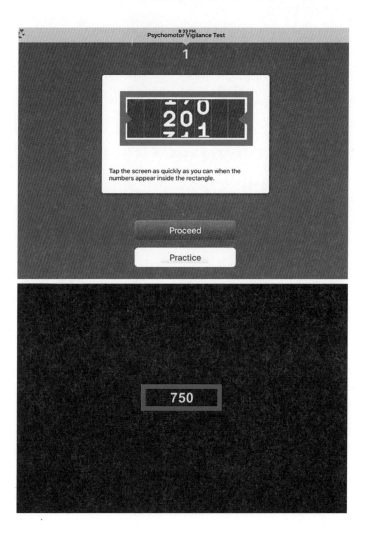

고 있거나, 비행기를 조종하고 있거나, 갓 걸음마를 시작한
어린아이를 돌보거나 하는 중이었다면 모두 큰 사고로 이어
질 수도 있어요.

## 잠 부족은 만성적 숙취 상태와 같다

과학 학술지 〈네이처〉에 나온 한 연구[2]에서는 두 집단을
비교했는데, 28시간 동안 잠을 자지 못하게 한 집단과 알
코올을 30분 단위로 계속 마시게 해 혈중 알코올 수치를
0.10퍼센트가 되게 만든 집단이 그 대상입니다. 두 집단의
시각-운동 협응 능력(손과 눈이 같이 움직이면서 얼마나 협동할
수 있는지를 보는 능력)이 얼마나 손상되었는지를 비교했어요.

연구 결과, 잠을 못 잔 집단은 17시간 깨어 있을 시점에,
혈중 알코올이 0.05퍼센트일 때와 비슷하게 기능 손상을 보
이는 것으로 나타났습니다. 많은 서양 국가에서는 혈중 알코
올이 0.05퍼센트면 술에 취한 상태라고 본다는 점을 생각하
면 이 기능 손상은 운전하기에도 위험한 수준이에요. 또한
24시간 동안 쭉 못 자고 깨어 있었을 시점에는 혈중 알코올
이 0.10퍼센트일 때의 기능 상태와 동일한 것으로 나왔어요.

결국 논문 저자들은 잠을 지속적으로 못 자는 것이 술에

만취하여 하루하루를 생활하는 것과 비슷하게 피곤한 수준이라고 결론을 내렸어요. 하루를 살면서 하는 모든 활동을 한번 되돌아보세요. 만취 상태로 지금 그 활동들을 하고 있다고 한번 상상해보세요. 잠이 오랜 시간 부족했다면, 순간의 실수나 온전히 기능하지 못하는 뇌 때문에 중요한 일 혹은 소중한 관계를 잃을 수 있다는 점을 기억해주세요.

## 잠을 못 자면 치매에 걸릴까?

수면의 또 다른 중요한 기능 중 하나는 인지 기능 유지(집중력, 기억력 등) 및 치매 예방이에요. 잠을 못 자면 기억도 잘 안 나고 평소보다 집중이 잘 안되어요. 동물 및 인간 관련 여러 연구에서도 이런 상태가 만성화되면, 알츠하이머성 치매를 유발하는 아밀로이드 베타amyloid beta의 생성과 응집을 촉진한다고 보고하고 있어요. 즉 치매에 걸릴 가능성이 높아져요.

치매의 대표적 증상 중 하나가 기억력 저하인데, 불면증은 기억력 저하와도 관련이 있습니다. 우리가 기억을 잘할 수 있게 해주는 뇌 부위인 해마hippocampus는 스트레스 호르몬인 글루코코르티코이드glucocorticoid 수용기의 밀도가 높기 때문에, 다른 뇌 부위보다 장기적인 스트레스에 취약해요. 인간에게서 나오는 스트레스 호르몬을 코르티솔cortisol이라고 하는데, 불면증 환자는 잘 자는 사람들에 비해 코르티솔 수치가 더 높아요. 즉 스트레스로 오랫동안 잠을 잘 자지 못하면, 우리 뇌에서 기억 기능을 주관하는 해마의 신경세포가 손상되고, 결국 해마가 위축되면서 제 기능을 하지 못합니다.

불면증 환자뿐만 아니라 스트레스 호르몬인 코르티솔이 높다고 밝혀진 외상후 스트레스 장애 환자도 뇌영상 검사를 하면 해마의 부피가 위축되어 있다고 해요. 이렇게 해마가 위축되면 잘 기억하지 못하게 될 수 있어요. 삼성병원이랑 같이 한 공동연구에서 여러 가지 기억의 종류 중에 특히 언어를 기반으로 기억하는 능력이 불면증과 관련이 있다고 발표했어요.[3] 이는 잠을 오랫동안 못 잔 불면증 환자가 불편하다고 호소하는 것 중 말하다가 깜빡깜빡하고, 기억력이 나빠져 단어가 잘 생각나지 않는 증상과 관련이 있어요.

한 연구[4]는 지금까지 이 주제를 연구한 여러 연구 결과를 취합해 24만 6,786명을 대상으로 조사했는데, 불면증이나 폐쇄성 수면무호흡증과 같은 수면 장애가 있는 사람들은 수면에 문제가 없는 사람들에 비해 알츠하이머성 치매나 혈관성 치매와 같은 모든 종류의 치매가 발병할 가능성이 높다는 결과가 나왔어요.

특히 불면증이 있으면 여러 치매 중에서도 알츠하이머성 치매의 위험성이 높다고 보고되었고, 폐쇄성 수면무호흡증과 같은 수면 관련 호흡기 장애가 있으면 알츠하이머성 치매를 포함한 모든 종류의 치매에 걸릴 위험성이 높다는 연구 결과가 나왔어요. 그러니까 불면증뿐만 아니라 심한 코골이가 동반되는 폐쇄성 수면무호흡증과 같은 다른 수면 장애에 대해서도 검사해볼 필요가 있어요.

## 잠을 한숨도 안 자면 죽을 수도 있다

초기의 수면학자들이 궁금해하는 질문 중 하나가 "잠을 못 자면 죽을 수도 있을까?"라는 것이었어요. 수면의학이라는 분야가 만들어지기 훨씬 전인 1894년, 러시아에 마리야 미하일로브나 마나세이나Maria Mikhailovna Manaseina라는 의사이자 생물화학자가 있었습니다. 그녀는 잠을 못 자는 것과 밥을 못 먹는 것 중에 어떤 것이 더 중요할지 궁금했어요. 사람을 대상으로 할 수 없는 실험이어서 그녀는 강아지 열 마리를 대상으로 연구를 수행했어요(잔인하게 들릴 수 있겠지만, 과거에는 이렇게 동물을 대상으로 하는 실험이 많았어요).

강아지 중 일부는 잠을 한숨도 안 재우고, 나머지 강아지에게는 밥을 전혀 주지 않았어요. 밥을 먹지 못한 강아지들은 20~25일 정도 생존했지만, 잠을 한숨도 자지 못한 강아지들은 모두 4~5일 만에 죽었어요. 그래서 그녀는 먹는 것보다 자는 것이 더 중요하다고 결론을 내렸어요.

조금 더 시간이 지나 1960~1980년대에, 수면의학이라는 분야에서 활발하게 활동한 앨런 렉트셰이펀Allan Rechstschaffen이라는 수면연구자도 이 부분에 대해 궁금증을 갖게 되었어요. 그는 잠을 한숨도 안 자면 무슨 일이 벌어질지 궁금했고, 첫 번째 실험보다 조금 더 정교한 방법을 사용했어요. 그는 쥐를 대상으로 실험을 구상[5]했고, 원판 위에 쥐들을 올려놓고 음식과 물을 충분히 제공했으며, 원판 아래에는 물통을 배치했어요.

쥐들의 뇌에 전극을 꽂아 수면을 취하는지 뇌파를 확인했고, 수면 관련 뇌파가 나오기 시작하면 바로 원판 아래의 물통에 빠뜨려 잠을 한숨도 못 자게 했어요. 쥐들은 결국 몸통과 꼬리에 털이 듬성듬성 빠지면서 볼품없는 모습으로 변했고, 음식을 평소보다 더 많이 먹었는데도 살이 계속 빠졌어요. 결국 모든 쥐는 11~32일 사이에 죽었어요. 그는 이 실험 결과를 확인한 뒤에 다음과 같은 명언을 남기기도 했습니다. "수면에 생명을 유지하기 위한 기능이 없다면, 진화론이 만든 가장 중대한 실수일 것이다."

**쥐 수면 실험** | 잠을 한숨도 못 잔 쥐들은 결국 32일 만에 모두 사망하거나 희생되었다.[6]

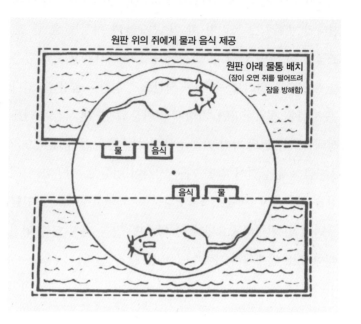

## 수면 한 시간의 가치

혹시 자는 시간이 아까워서 잠을 줄이고 있나요? 경제학자들은 한 시간 적게 자는 것의 기회비용을 16.19달러(약 2만 원)라고 추정하고 있어요.[7] 잠을 안 자면 이렇게 금전적 손해가 발생하는데도 아직도 수면을 가치 있게 생각하지 않는 사람이 많아요. 미국에서의 한 설문조사에 따르면 미국인

의 15퍼센트는 수면을 '시간 낭비'라고 생각한다고 합니다.[8]

얼핏 잠이 중요하다고는 생각하지만, 다른 선택지가 주어진다면 넷플릭스 드라마 한 편, 친구들과 마시는 술 한 잔, 조금만 더 하면 끝낼 수 있는 업무를 선택하기 때문에 잠은 늘 뒷전으로 밀려요. 수면 한 시간으로 건강을 잃을 수 있다는 사실을 생각한다면, 가볍게 맞바꾼 수면 한 시간이 다른 선택지보다 훨씬 가치 있는 선택이라는 것을 알 수 있어요.

지금까지 살면서 잠을 자는 시간이 아깝고, 성공을 위해 잠을 희생해야 한다고 생각했다면 꼭 기억해주세요. 잠만큼 우리의 인생에서 중요한 것은 없으며, 잠을 가치 있게 여길 때 비로소 인생에서 가치 있는 일을 할 수 있다는 것을요.

# 나는
# 불면증일까?

　잠을 못 자는 것을 불면증이라고 생각하는 경우가 많지만, 전문적인 도움과 치료가 필요한 수준인지 아닌지를 먼저 판단해봐야 합니다. 불면 증상insomnia symptom에는 크게 세 가지가 있어요. 잠자리에 누웠는데 잠들기 어려운 증상, 잠자는 도중에 자주 깨서 다시 잠을 자기 어려운 증상, 아침에 너무 일찍 깨서 잠들기 어려운 증상이에요. 보통 전문가들은 30분을 기준으로 판단하는데, 침대에 누웠는데 잠드는 데까지 30분 이상이 걸리거나, 밤중에 깨서 다시 잠드는 데 30분 이상이 걸리면 불면 증상이 있다고 봅니다. 증상이 세 가지 모두 나타나는 경우도 있고, 하나만 나타나는 경우도 있는데, 어떤 경우든 불면 증상이 있다고 판단해요.

　불면 증상이 있는 사람은 생각보다 많아요. 아래 깔때기

모양의 그림을 보면 이해가 더 쉬울 거예요. 사람들 중 30~ 48퍼센트는 위에 말한 세 가지 불면 증상 중 한 가지 이상은 가지고 있어요. 그렇지만 증상이 있다고 해서 꼭 치료가 필요한 것은 아니에요. 증상을 호소하는 사람들 중에서 이런 증상이 일주일에 3회 이상, 혹은 자주 나타난다고 느끼는 사람의 비율은 16~21퍼센트예요. 그리고 그 사람들 중에도 증상이 심각하고 횟수도 빈번한 사람의 비율은 10~28퍼센트예요.

사람들이 오해하는 한 가지는 불면증이 있으면 밤에만 괴로울 것이라고 생각한다는 거예요. 그런데 사실 불면증은 24시간 동안 나타나는 병입니다. 밤에만 고통스럽고 낮에 활동하는 데 크게 지장이 없으면 사람들은 치료받으러 잘 오지 않아요. 그러나 잠을 못 자서 낮에도 기분이 들쭉날쭉하고, 집중력이나 생산성이 떨어져서 평소 해야 하는 일과 즐겨 하던 일을 하지 못해 고통받고 있다면, 불면증은 24시간 동안 괴로운 문제가 되어 치료를 받아야 해요.

불면증을 경험하는 동시에 낮 동안에도 심리적 불편감을 겪고 사회적, 직업적 기능에 지장을 느끼는 사람들은 9~15퍼센트이고, 그 중에서도 수면의 양과 수면의 질에 대한 불면증을 경험하는 사람들은 8~18퍼센트예요. 마지막으로, 정신장애의 진단 기준을 충족해서 꼭 치료가 필요한 불

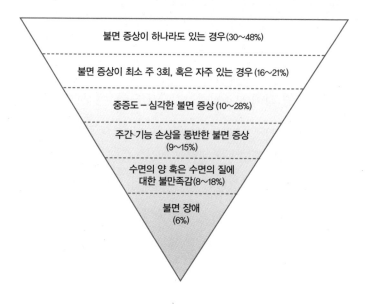

불면 증상을 느끼는 사람의 비율[9]

불면 증상이 하나라도 있는 경우(30~48%)

불면 증상이 최소 주 3회, 혹은 자주 있는 경우(16~21%)

중증도 – 심각한 불면 증상(10~28%)

주간 기능 손상을 동반한 불면 증상
(9~15%)

수면의 양 혹은 수면의 질에
대한 불만족감(8~18%)

불면 장애
(6%)

면 장애insomnia disorder를 겪는 사람은 6퍼센트예요.

이 모든 사람을 '불면증이 있다'라고 하지만, 그들은 빈도, 낮 동안의 기능, 증상의 심각도, 만족도 등을 기반으로 하여 다시 구분됩니다.

여기에 해당하는 모든 경우를 불면증이 있다고 보지만, 전문적인 도움이 꼭 필요한 '불면 장애'에 해당하는 경우는 6~10퍼센트예요.

내가 불면 장애에 해당하는지 궁금하면, 아래 '수면 상태 지표Sleep Condition Indicator: SCI 질문지'를 활용해보세요. 영국 옥스퍼드 대학교에서 개발한 질문지인데, 이를 통해 내가 전문가의 도움이 필요한지 알 수 있어요.

각각의 문장에 해당하는 정도를 동그라미로 표시해주세요. 모든 문항에 답한 뒤 해당 점수를 모두 더해 결과를 확인할 수 있습니다.

| 각 문항의 점수 | | | | |
|---|---|---|---|---|
| 4점 | 3점 | 2점 | 1점 | 0점 |
| 지난 한 달간 수면을 기준으로 답해주세요. | | | | |
| 1. 잠들기까지 얼마나 걸리나요? | | | | |
| 0~15분 | 16~30분 | 31~45분 | 46~60분 | 61분 이상 |
| 2. 밤에 자는 동안 깬다면, 총 얼마나 오랫동안 깨어 있나요? | | | | |
| 0~15분 | 16~30분 | 31~45분 | 46~60분 | 61분 이상 |
| 3. 일주일 중 며칠 동안 수면 문제를 경험하나요? | | | | |
| 0~1일 | 2일 | 3일 | 4일 | 5~7일 |

| 4점 | 3점 | 2점 | 1점 | 0점 |
|---|---|---|---|---|

**4. 당신의 수면의 질을 평가한다면 어떻습니까?**

| 매우 좋음 | 좋음 | 보통 | 좋지 않음 | 매우 좋지 않음 |
|---|---|---|---|---|

### 지난 한 달간 수면을 기준으로, 부족한 수면이 얼마나 본인에게 영향을 미쳤는지 평가해주세요.

**5. 당신의 기분, 에너지 또는 대인 관계에 얼마나 영향을 미쳤나요?**

| 전혀 아니다 | 조금 아니다 | 약간 그렇다 | 그렇다 | 매우 그렇다 |
|---|---|---|---|---|

**6. 당신의 집중력, 생산성 또는 깨어 있는 상태를 유지하는 것에 얼마나 영향을 미쳤나요?**

| 전혀 아니다 | 조금 아니다 | 약간 그렇다 | 그렇다 | 매우 그렇다 |
|---|---|---|---|---|

**7. 당신의 일상생활에 전반적으로 얼마나 영향을 미쳤나요?**

| 전혀 아니다 | 조금 아니다 | 약간 그렇다 | 그렇다 | 매우 그렇다 |
|---|---|---|---|---|

**8. 당신의 수면문제는 얼마나 오랫동안 지속되었나요?**

| 문제없다/ 1개월 미만 | 1~2개월 | 3~6개월 | 7~12개월 | 1년 초과 |
|---|---|---|---|---|

### 수면 상태 지표[10] 채점방법

- 총점은 0점부터 32점까지로, 점수가 낮을수록 수면 상태가 나쁨을 의미한다.
- 한국판 SCI에서 불면 장애를 진단할 수 있는 절단점은 13점이다.[11]
- 슬리피오Sleepio라는 불면증에 대한 디지털 치료제에서 처음 개발되어 사용했으며, 현재도 영국 정부에서 불면증이 있는 사람들을 판단하기 위해 사용하고 있다.

| 요인 | 문항 |
|---|---|
| 수면 양상 | 1, 2, 3, 4, 8 |
| 수면 관련 영향 | 5, 6, 7 |

# 힘든 하루에 대한 보상으로
# 유튜브를 보겠다

스마트폰 충전기를 벽 콘센트에 꽂고 그 쪽을 향하여 옆으로 누워 다리를 포갠 채, 한 손은 귀 옆으로 팔베개를 하고, 한 손은 스마트폰을 들고서는 시간 가는 줄 모르고 쇼츠 영상을 넘긴다. '12시나 1시에는 자야지'라고 생각하지만 넷플릭스에서 보던 드라마의 다음 화가 너무 궁금해 결국 3-4시까지 졸린 눈을 비비며 보는 일이 잦다. 자는 시간이 늦어지면 다음 날 피곤하고 힘들 것을 알면서도 그 행동을 잘 멈추지 못한다.

위의 사례가 꼭 당신 이야기처럼 들리나요? 최근 수면의학에서 이 행동에 '취침시간 지연행동bedtime procrastination'이라고 이름을 붙였어요. 마감이나 과제와 같은 외부적인 요인이 없는데도 계획했던 시간보다 자발적으로 늦게 잠자리에 드는 행동을 가리켜요.

스마트폰의 보편화로 자기 전에 동영상 등을 보는 현대인이 점차 증가함에 따라, 이러한 취침시간 지연행동으로 현대인의 수면 부족을 유의하게 예측할 수 있으므로 이 개념은 요즘 학계의 관심을 받고 있어요. 스마트폰을 특히 많이 활용하고 있는 한국에서도 이에 관해 연구하는 사례가 늘고 있으며, 제 연구실에서도 2018년 무렵부터 집중적으로 취침시간 지연행동에 대해 연구하기 시작했어요.

사람들이 취침시간을 미룬다는데, 도대체 무엇을 하느라 늦게 자는 것인지 궁금했습니다. 어렴풋이 스마트폰이 원인일 거라고 예상될 뿐 이에 대해 과학적으로 자세히 들여다본 연구는 거의 없었어요. 그래서 젊은 성인 105명에게 '시간사용 일지'라는 도구를 주고 2일 동안 10분 단위로 한 모든 행동을 기록해달라고 요청했습니다.

자기 세 시간 전에 무슨 활동을 했는지 살펴보니, 계획했던 것보다 잠을 상습적으로 미루는 사람들은 미루지 않는 사람들에 비해 미디어 기기를 사용한 여가 활동을 확연히 더 많이 하고 있다는 것을 알 수 있었어요. 특히 이때 사용하는 미디어 기기 중에서 취침시간 지연행동과 가장 관련이 큰 것은 스마트폰이었습니다.

연구 결과를 보면, 취침시간 지연행동을 자주 하지 않는 집단은 자기 세 시간 전에 스마트폰을 사용하는 시간이 평균 17분이었던 반면, 취침시간 지연행동을 자주 한다고 보고한 집단은 자기 세 시간 전에 스마트폰을 사용하는 시간이 79분으로, 무려 61분(혹은 451퍼센트)이나 차이가 났어요. 일주일로 따지면 취침시간을 상습적으로 미루는 집단은 거의 일곱 시간을 스마트폰을 더 많이 본 셈이에요.[12] 이때 연구 참여자들의 스마트폰 메타데이터(어떤 애플리케이션을 얼마나 오래 쓰는지 분석해주는 자료)도 수집했는데, 이들이 가장 많이 사용하는 애플리케이션 세 가지는 유튜브, 카카오톡, 전화였으며, 주로 여가 활동이나 누군가와 소통을 하기 위해 자기 전에 그 시간들을 쓴다는 것을 확인할 수 있었어요.[13]

## 왜 자기 전에 스마트폰을 내려놓지 못할까?

자기 전에 스마트폰을 장시간 사용하는 사람들은 대부분 그 행동이 크게 생산적이지 않다는 것을 인지하고 있으며, 줄이고 싶다고도 생각하고 있었어요. 자기 전 스마트폰 사용 시간을 줄이고 싶은 것은 운동을 더 열심히 하고 싶고, 술을 줄이고 싶은 것과 비슷하게 이상적인 행동을 추구하는 점과

유사하다고 느꼈어요. 이렇게 중독되기 쉬운 '문제 행동'을 심리학에서는 마음속 결핍을 채우기 위해 하는 것이라고 전제했어요. 그렇다면 사람들이 자기 전에 스마트폰을 내려놓지 못하는 행동을 한다면 그 행동이 그들 마음속 어떤 결핍과 욕구를 채워줄까요?

이 질문에 대한 답을 얻고자 심리학에서는 기능 분석 functional analysis이라는 것을 하는데, 그 특정 문제 행동을 하기 직전에 (스마트폰을 집어 들기 직전) 어떤 생각을 하고 있었고, 어떤 상황에 있었는지를 분석하는 것이에요. 또한, 그 문제행동을 하고 나서 마음에 어떤 변화가 있었는지도 살펴요. 왜 어떤 날은 스마트폰을 보지 않고도 잠들며, 어떤 날은 자기 전에 몇 시간 동안 스마트폰을 봐야 할까요? 결국 행동의 사슬처럼 스마트폰을 집어 들고 잠을 미루게 되는 것인지를 알 수 있는 단서를 제공합니다.

한 명문대 학생은 매일 자기 전에 스마트폰을 네 시간 넘게 사용해 괴로워하다가 연구에 참여하게 되었어요. 기능 분석을 통해, 자기 전에 스마트폰을 많이 한 날에는 스마트폰을 보기 직전에 생각이 많아진다는 것을 알 수 있었습니다. 하루는 그 대학생이 술자리에 있다가 집에 들어왔는데, 후배들과의 대화에서 후회되는 말을 한 것 같아 자책감이 들고 스트레스를 받았으며, 내일 해야 할 과제에 대한 압박감이

들어 그 과제를 피하고 싶었다고 해요. 결국 대인관계 및 과제 스트레스로 인해 그는 높아진 불안을 회피하려고 스마트폰을 집어 들고 예능 영상을 몇 시간 보았다고 했어요.

연구 참여자에게 모든 영상을 다 보고 난 뒤 느낀 소감을 물어보니, 잠시 생각의 꼬리를 끊을 수 있어 마음이 편해졌다고 대답했어요. 물론 과제를 하지 못해 불편한 마음을 가지고 있고 늦게 자서 다음 날 피곤할 것이라는 사실을 알고 있지만, 그것은 모두 내일 일이니까 지금은 신경 쓰지 않는다고 대답했어요.

이렇게 취침시간 지연행동을 하는 분들은 대부분 자기 전에 스마트폰을 보는 행동에 대해 양가적인 감정을 가지고 있어요. 좋은 점이란 지금 즉시 유쾌함과 잠시 현실에서의 도피를 제공해 준다는 것이고, 나쁜 점은 장기적으로 보았을 때 내일이 피곤하고, 해야 할 일은 여전히 쌓여 있다는 것이에요. 결국 그 순간에 하나의 욕구를 선택하는 거라고 볼 수 있어요.

연구자들은 앞선 사례의 연구 참여자가 불안과 스트레스를 느끼는 상황이 되면, 그 상황을 모면하고 회피하고 싶어서 스마트폰을 본다는 것을 알게 되었어요. 그는 스마트폰을 보고 나면 마음이 편해졌어요. 이 모든 것이 밤에 이루어진다는 것은 불안하거나 스트레스를 받는 상태가 아닌 잘 잘 수 있는 마음 상태를 만들고 싶어 하는 마음과 맞물려 있다는 점을 의미해요. 그리고 모든 상황이 끝난 후에 마음이 편해진 대학생은 장시간 동안 취침시간 지연행동을 한 것을 후회하지만, 다음에 또 스트레스를 받고 불안해지면 다시 스마트폰을 들 가능성이 높아요.

이처럼 모든 연구 참여자들이 취침시간 지연행동을 한 이유를 취합해보니, 크게 세 가지 이유로 구분할 수 있었어요.

## 1. 정서 조절

우리는 스마트폰을 보느라 취침시간을 상습적으로 미루는 사람들 60명을 대상으로 기능 평가를 했고, 왜 사람들이 유독 자기 전에 스마트폰을 내려놓지 못하는지에 대한 해답을 어느 정도 얻을 수 있었어요. 1위는 '정서 조절'이었습니다. 정서 조절은 우리가 일상적으로 사용하는 '감정 컨트롤'과 비슷한 말이에요. 기분이 지나치게 들뜨면 상황에 맞게 감정을 가라앉히고, 기분이 너무 저조하면 상황에 맞게 들뜨게 하려는 마음의 조절장치라고 이해하시면 돼요. 바쁜 하루를 끝내면서 생각이 복잡해지고, 하루를 정리하면서 오늘에 대한 후회, 미래에 대한 불안, 억울했던 일, 나를 화나게 했던 사람들이 더 잘 떠오를 수 있어요. 우리는 편안하고 이완되어야 잘 수 있는데, 불안, 우울, 분노와 같은 너무 깊은 감정을 느끼면 잠과 점점 멀어지게 됩니다. 이런 부정적인 감정에 대한 잠깐의 도피처로 스마트폰을 들 수 있고, 고양이 영상이나 재미있는 예능을 통해 긍정적인 감정을 조금이나마 느낄 수 있어요.

### 2. 보상

2위로 조사된 이유는 '보상'이었어요. 내가 하루를 열심히 살았다는 것에 대해 자기 자신에게 주는 보상이에요. 외신에서는 이런 개념을 "복수를 위한 취침시간 지연행동revenge bedtime procrastination"이라고 보도하기도 했어요. 월스트리트 저널The Wall Street Journal의 한 기자는 우리의 연구를 소개하며 "바쁜 일상에 대한 보복으로 자는 것을 미루는 행위로, 그나마 적게 남은 내 일상의 시간이라도 통제하기 위해 노력하는 것이다"라고 표현했습니다.[14]

### 3. 사회적 소속감

잠을 미루는 이유 3위는 '사회적 소속감과 친밀감'을 갖기 위해서라는 것이었어요. 특히 코로나19로 인해 생활이 고립되고, 그 누구와도 친밀함을 느끼지 못해 외로움을 경험하는 사람들은 자기 전 SNS를 통해 문자 메시지를 주고받으며 연결감을 느끼기 위해 노력하는 것이라고 할 수 있어요. 카톡이나 SNS를 활용하여 그 누군가와, 세상과 연결되어 있다고 느끼면 우리는 소속감과 안정감을 가지는데, 이런 감정은 잠과 연관된 것들이에요.

## 자기 전, 스마트폰 사용 시간 줄이기

앞서 언급된 이유 외에도 정보의 습득, 수면 유도, 쾌락과 같은 이유가 있었어요. 만약 내가 자기 전에 스마트폰을 하는 시간이 지나치게 많고, 그 시간들이 아깝게 느껴지며, 아침에 피곤하지만 그 시간을 줄이지 못한다면 자기 자신에게 한번 물어보았으면 좋겠어요. 내 마음속의 어떤 결핍을 채우기 위해 나는 스마트폰을 하고 있을까?

내 스마트폰의 메타데이터에 들어가서 가장 많이 사용하는 애플리케이션도 한번 살펴보세요. 가장 많이 사용하는 애플리케이션 분석을 통해 내 마음속의 어떤 부족한 부분을 채워주고 있는 것 같나요? 다른 사람들과 더 친밀하게 느끼기 위해서? 불안을 잠재우기 위해서? 그 이유들에 대해 통찰해야 비로소 그 욕구들을 자기 직전이 아니라 낮에 채울 수 있어요. 의도적으로 그런 결핍을 채우기 위해 시간을 확보하고, 계획하고, 행동해보세요.

내 감정을 잘 조절할 수 있게 긍정적인 일을 계획하고, 자기 자신에게 스마트폰 쇼츠를 보는 것보다 더 근사한 보상을 자주 해주며, 평소에도 나에게 중요한 사람들에게 친밀함을 느낄 수 있게 연락을 하고 만남을 가지는 노력을 꾸준히 해보세요. 그때는 마음이 편해져 자기 전에 보던 스마트폰을 냅다 던져버리고 편안하게 잠을 청할 수 있을 거예요.

# 점점 밤낮이 바뀌어
# 폐인이 되고 있다면

자는 시간이 점점 늦어지며 밤낮이 바뀐 생활을 하느라 늘 피곤한 그대. 화성의 하루는 지구보다 37분 22초가 더 길다는 사실을 알고 있었나요? 매일 늦게 자는 것을 선호하고, 아침에 일어나는 것을 힘들어하는 당신은 지구에 잘못 태어난 화성인은 아닌지요. 밤만 되면 에너지가 올라가고 갑자기 눈이 초롱초롱해지며 집중력이 향상되어 하는 것마다 재미가 있는 반면, 아침에는 여기저기서 울리는 알람을 못 듣고, 연인의 달콤한 모닝콜에도 일어나지 못하나요? 우리 사회는 이런 분들을 '저녁형 인간'이라고 해요. 그리고 수면의학에서는 조금 더 전문적인 용어로 '지연성 수면위상 증후군 Delayed Sleep Phase Syndrome'이라고 부릅니다.

# 지연성 수면위상 증후군은 불면증과 달라요

지연성 수면위상 증후군은 내부의 생체시계가 지연되어 있어서 늦게 자고 늦게 일어나는 일주기리듬으로 지내는 것을 말해요. 그런데 앞서 설명한 불면증과는 달라요. 불면증 환자는 보통 잠드는 데 오래 걸리고, 잠이 들어도 자주 깨는, 즉 수면이 분절되어 있는 양상을 보이며, 언제 자는지와는 상관없이 잠을 잘 못 자요. 반면에 지연성 수면위상 증후군이 있는 사람은 자기 내부의 생체시계가 뒤로 밀려 있기 때문에, 자유롭게 (늦게) 자고 (늦게) 일어날 수 있는 주말이나 휴가철에는 푹 자고 오래 잘 수 있어요. 불면증 환자들처럼 자주 깨지는 않지만, 본인이 원하는 일정에 맞게 (늦게 자고 늦게 일어나는 것) 잠을 자기가 어려워요.

안타깝게도 지연성 수면위상 증후군이 있는 저녁형 인간 유형에 해당하는 분들은 내부의 생체시계가 아닌, 사회가 돌아가는 '세상의 시계'에 본인의 수면 스케줄을 억지로 맞추려고 하다 보니 본인의 내부 생체시계보다 더 일찍 잠자리에 들어 잠을 청하기도 해요. 그런데 아직 몸은 잘 준비가 안 되어 있기 때문에 일찍 잠자리에 들어도 뒤척거리며 잠드는 데 오래 걸릴 가능성이 높아요. 그 생활을 반복하고 깨어 있는 상태로 오래 침대에 누워 있다 보면 실제로 불면증이 생

## 수면 패턴 그래프

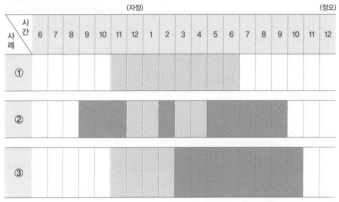

• 잠에 든 경우는 회색, 잠에서 깬 경우는 파란색으로 표시함.

① 일반인의 수면 패턴. 일단 잠들면 깨지 않고 푹 잘 수 있어요.

② 불면증 환자의 수면 패턴. 잠을 어떻게든 자기 위해 일찍 잠자리에 들고, 잠을
   자는 동안 중간중간에 30분 이상 깨어 있는 구간이 있고, 아침에도 원하는 시
   간보다 더 일찍 기상해서 침대에 머물러 뒤척거리는 양상을 흔히 보여요.

③ 지연성 수면위상 증후군의 수면 패턴. 일찍 자려고 노력해도 쉽게 잠들지 못
   하는 반면, 일단 잠들면 깨지 않고 (늦은 아침까지) 푹 잘 수 있어요.


길 수도 있어요. 그래서 이른바 저녁형 인간은 불면증에 취
약할 수 있어요.

# 너무 긴 생체시계가 문제

지구의 자전주기는 24시간이어서 우리 사회의 하루도 24시간에 맞춰져 있어요. 그렇지만 인간의 생체시계는 정확하게 24시간에 맞춰져 있지는 않아요. 사람들의 생체시계는 대부분 24시간보다 조금 더 긴 24시간 11분이고, 심지어 개인차가 있어 야행성 성향이 강할수록 내부 생체시계가 25시간에 가까운 사람도 있어요.[15] 이런 사람들은 일정이 자유로운 방학이나 휴가철에는 매일 조금씩 늦게 자고 싶어지고, 시간이 지날수록 점점 밤낮이 완전히 바뀌어 규칙적인 생활이 어려워집니다.

그런데 밤낮이 바뀐 생활의 수렁에 자주 빠진다면서 본인이 게으르다며 스스로 모질게 자책하는 일은 없었으면 합니다. 저녁형이나 아침형과 같은 일주기리듬에 따른 유형은 유전적으로 타고난 부분이 많다고 밝혀졌기 때문에 다시 태어나기 전에는 '갓생'의 꿈을 이루기 어려울 수도 있어요. 자책하는 대신, 그런 생활을 선호하는 이유가 지구의 자전주기보다 조금 더 긴 본인의 생체리듬 때문이라고 생각하셔도 좋아요.

# 그래도 미러클 모닝에 대한
# 미련을 버릴 수 없다면

저녁형이라고 해서 아침에 일찍 일어나는 일이 아예 불가능한 것은 아닙니다. 우선, 나이가 10~20대라면, 이 시기에 늦게 자고 늦게 일어나는 것이 생애주기로 봤을 때 지극히 정상적이라고 할 수 있어요. 그리고 대부분 사회생활을 시작하며 규칙적인 생활을 하게 되면(보통 20대 후반에서 30대 초반 이후) 늦게 자고 늦게 일어나는 시간이 조금씩 당겨집니다. 그러다 노화가 진행되면 아침잠이 줄어들고, 점점 더 일찍 잠자리에 드는 것을 선호하게 될 거예요.

어떤 분은 20대 때에는 새벽 2시까지도 깨어 있는 것이 거뜬했는데 40대를 넘어가면 12시를 넘겨서 자는 일이 드물어질 수 있어요. 그러니까 10대, 20대 때 늦게 자면 본인이 저녁형일 것이라고 생각했겠지만, 알고 보니 일주기리듬이 저녁형도 아침형도 아닌 평범한 '중간형'인 사람이었을 가능성이 높아요.

그러나 일부는 정말 저녁형 인간일 수 있어요. 나이가 들어도 늦게 자고 늦게 일어나는 것을 선호하는 그런 분들이 있어요. 이런 분들이 그렇다고 해서 아름다운 아침을 즐길 수 없는 것은 아니에요. 본인의 타고난 생체리듬을 조정해서 원하는 하루를 살 수 있는 방법이 있어요.

## 1. 빛 사용하기

일어나야 하는 시간에 빛을 사용해볼 수 있어요. 우리의 생체리듬은 빛의 강한 영향을 받기 때문에, 조금 더 긴 생체 리듬을 타고난 사람들은 24시간 동안 돌아가는 사회에 맞춰 다시 하루를 살기 위해 아침에 빛을 쬐면 되어요. 그러면 생체리듬이 다시 24시간으로 리셋이 됩니다. 이렇게 생체리듬을 조정해주는 요인들을 자이트게버zeitgeber라고 하는데, 이것의 어원은 독일어에 있으며, 이는 시간 관리자timekeeper라는 뜻이에요. 기상하자마자 15분 이내로 밝은 빛을 쬐면 (최소 30분 이상) 하루의 생체시계가 다시 초기화가 되어요. 다만 야외에 나가서 햇빛을 쬐거나, 광치료를 위해 특수 제작이 된 밝은 빛 장치(안구와의 거리를 고려한 조도가 높고 빛 파장이 짧은 장치)를 이용해야 해요. 형광등과 같은 불빛은 충분히 밝지 않기 때문에 별로 효과가 없을 수 있어요.

## 2. 규칙적인 일과 만들기

매일 비슷한 시간에 아침 식사를 하거나 기상 시간을 규칙적으로 하는 등 시간 관리자 역할을 하는 습관을 활용할 수 있어요. 힘들어도 아침 식사를 하고 매일 비슷한 시간에 일어나는 연습을 하면 일찍 일어나는 습관을 만드는 데 도움이 됩니다.

주중이나 주말에도 비슷한 시간에 일어나야 한다는 것을 잊지 마세요. 평일엔 기상 시간을 잘 지키다가도 주말에 몰아서 자면 금세 본인의 생물학적 욕구에 충실하게 저녁형 생활로 돌아가요. 저녁형 인간이 아침형 인간이 되려면 부단한 노력이 필요하지만, 다시 원래 저녁형 인간으로 돌아가는 것은 순식간에 일어나는 일이에요. 살을 빼는 것은 그 무엇보다 힘들지만 살을 찌우는 것은 너무 쉬운 것과도 비슷합니다.

### 3. 주변의 도움 받기

아침에 약속을 정하면서 주변 사람들에게 도움을 요청해보세요. 밤늦게 깨어 있는 것을 즐기던 젊은 시절을 돌아보면, 그나마 아침에 일어날 수 있었던 이유는 관계 때문이었어요. 좋아하는 사람과 한 커피 약속, 나를 깨우기 위해 함께 아침 조깅을 제안한 친구와의 약속처럼요. 주변의 도움을 통해서 완전히는 아니더라도 아침형 인간과 비슷한 삶을 살수 있어요.

## Q  꿈은 왜 새벽에 더 많이 꾸나요?

A  유독 생생한 꿈을 꾸고 눈을 뜬 시점이 아직 일어나기에는 이른 새벽인 경우가 많았다면, 당신의 잠은 비교적 정상적인 궤도에 있습니다. 우리는 뇌파를 통해서 잠을 자고 있는지 알 수 있어요. 그리고 그 뇌파의 종류에 따라, 우리의 잠은 얕은 수면에서 깊은 수면까지 1단계, 2단계, 3~4단계와 빠른눈운동이 일어나는 REM수면 단계로 구분되어요. 아래 수면 구조도hypnogram는 건강한 성인이 하룻밤 동안에 어떻게 자는지 잘 보여줘요.

**수면 구조도**

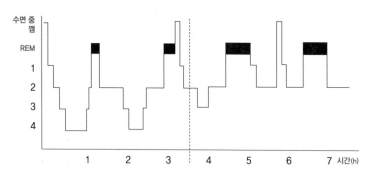

이 그림에서는 하루에 일곱 시간 자는 성인을 가정하여 X축은 잠을 잔 시점부터 잠자는 일곱 시간을 다 보여줍니다. 건강하게 자는 성인은 1~4단계와 REM수면을 하나의 주기로 해서 하룻밤에 이 주기를 4~5회 정도 반복해요. 보통 얕은 잠(수면 1단계), 본격적인 잠(수면 2단계), 깊은 잠(3-4단계), 꿈을 꾸는 단계(REM단계)로 알려져 있어요.

위의 수면 구조도에서 점선으로 하룻밤의 전반기와 후반기를 임의로 나눠봤어요. 혹시 하룻밤의 전반기와 후반기에서 다른 점들이 눈에 띄시나요? 하룻밤의 전반기에는 후반기에 비해 3~4단계의 '깊은 수면'이 더 많다는 것을 볼 수 있습니다. 3~4단계에 하는 깊은 잠은 우리의 몸이 회복하는 단계이기도 해서, 우리의 몸과 마음이 다음 날에 대비하기 위해 반드시 필요해요. 우리가 시험공부를 하느라 잠을 줄이거나, 중요한 마감으로 인해 잠깐 눈 붙일 시간만 있다면 우리의 몸은 고맙게도 이 회복의 시간만은 보호해줘요. 그리고 하룻밤의 하반기로 넘어갈수록 이런 3~4단계의 깊은 수면은 조금씩 줄어들어요.

하룻밤의 후반기는 전반기에 비해서 REM수면 단계가 더 길어요. 이 단계에서는 주로 꿈을 많이 꿔요. 그리고 REM수면 단계가 종료되면 한 주기가 완성되면서 잠깐 깨게 될 수도 있어요. 깨기 직전에 꾸던 꿈을 보통 기억하는 경우가 많아요. 자신은 꿈을 안 꾼다고 생각하는 사람도 있지만 사실 꿈을 꾸지 않는 사람은 없어요. 하룻밤의 후반기에 REM수면이 집중되어 있기 때문에 새벽에 꿈을 꾸다가 깨는 경우가 더 많다고 느낄 것입니다.

## Q  가위눌려서 귀신을 보는 것도 수면 문제인가요?

A  가위눌려서 무서운 생물체나 귀신을 본 것이 어떤 의미인지 물어보는 분들이 가끔 있어요. 특히 SNS나 자유게시판 같은 곳에서 새로 이사 간 집이 아무래도 귀신 들린 집이라 그런 것 같다고 하는 흉흉한 이야기를 심심치 않게 볼 수 있어요. 다시 말해 가위눌리는 현상을 초자연적 현상처럼 생각하시는 분이 많은 것 같아요.

가위는 보통 잠에 들 때와 깰 때 많이 눌려요. 의식은 있지만 몸을 움직일 수 없고 말도 할 수 없는 현상을 가위눌렸다고 표현하고, 수면의학에서는 이를 수면마비sleep paralysis라고 명명해요. 우리가 꿈 수면이라고 하는 빠른눈운동(REM)수면 단계에서는 근육이 마비가 됩니다. 빠른 뇌파가 나오고, 꿈을 활발하게 꾸는 단계이기 때문에 우리의 꿈을 현실 세계에서 재연하면 안 되니까 뇌가 우리의 근육을 무력하게 만들어버려요.

그런데 REM수면 단계 중에, 컴퓨터 버그처럼 의식은 먼저 돌아왔지만 아직 근육의 마비가 풀리지 않은 상황이 생기기도 해요. 이때 꿈을 아직도 꾸고 있는 상태이기 때문에 환시, 환청과 같은 경험을 짧게 할 수 있고, 가슴에 중압감을 느끼거나 세상이 끝날 것만 같은 공포를 느낄 수 있어요. 정확하지는 않지만, 수면 부족, 불규칙적인 수면 패턴 그리고 높은 수준의 스트레스가 가위눌리는 원인일 수 있어요. 또한 기면증과 같은 수면 장애가 있어도 가위에 자주 눌린다고 해요.

귀신을 보거나 무서운 생명체를 눈앞에서 목격하면 그보다 끔찍한 일은 없겠지요. 하지만 가위눌려서 죽은 사람이 있다는 이야기는 지금껏 들어본 적이 없어요. 수면학자들은 대부분 가위눌리는 것이 해롭지 않다고 여기지만, 이런 경험을 자주 하는 사람은 잠드는 것을 무서워하고, 잠자리에 드는 것을 꺼리며, 가위눌리는 현상을 과잉 해석하는 성향이 있어요. 그럴 경우 극복할 수 있는 몇 가지 방법이 있어요.

우선 자신의 수면 시간이 충분한지 점검하시기 바랍니다. 그리고 가위눌리는 현상은 과학적으로 증명할 수 있는 현상이므로 안도하셔도 좋아요. 그 다음에는 가위눌릴 가능성을 높이는 요인을 파악하기 위해 수면 일지를 작성해보세요(94쪽 참고). 가위눌리는 날과 가위눌리지 않는 날에 낮 동안의 활동, 스트레스 수준, 수면의 양과 같은 요인을 비교해보시기를 권합니다. 마지막으로는 너무 긴장하고 있지 않은지, 스트레스에 적절하게 대처하고 있는지 등 마음을 점검해보세요. 심리상담과 같은 전문가의 도움을 통해 더 깊이, 더 편안하게 이완할 수 있는 기술도 배워보면 좋겠습니다.[16]

당신만의 졸린 신호에는
어떤 것이 있나요?
몸이 잠을 잘 때라고 알려주는
생체 신호에 귀를 기울여보세요.
어쩌면 하루를 너무 바쁘게 사느라
외면하고 있을 수 있어요.

# 2

## 생활 습관으로
## 수면 가성비 높이기

# 침대를 멀리해야
# 잠이 온다

잠을 못 잔다는 것은 집에 손님을 치르고 난 뒤, 공허하고 어지럽혀진 집에 홀로 남아 있는 것과 비슷해요. 손님들이 한바탕 왁자지껄 떠들 때는 공허함을 몰랐던 것처럼, 잠을 못 자는 사람들은 낮 동안 바쁘게 돌아가는 일상에서는 깊은 생각에 빠질 겨를이 없어요. 그러나 손님이 떠난 후와 같이, 침대에 누워 이불을 턱까지 덮고 눈을 감았을 때, 살면서 가장 서러웠던 일을 떠올리며 다시 한번 억울해하고, 오늘 있었던 일을 계속해서 곱씹는 등 침대는 이제 편안한 안식처가 아니라 근심과 잡념의 장소로 바뀔 수 있어요. 그리고 그런 날이 반복되면, 우리의 뇌는 침대를 휴식처나 잠을 푹 자는 곳으로 더는 인식하지 못해서, 침대에만 누우면 잠이 오지 않게 돼요. 왜 그렇게 되는지 설명해볼게요.

# 파블로프의 개와 불면증

심리학 수업에서 빠지지 않고 배우게 되는 기초 이론이 있어요. 왜 인간은 지금의 모습으로 행동하게 되었는지를 잘 설명해주는 '고전적 조건화classical conditioning'라는 원리로 '파블로프의 개 실험'으로 더 잘 알려져 있습니다.

파블로프는 19세기 러시아 출신의 생리학자로, 개의 소화 과정을 연구하고 있었어요. 개들은 자연스럽게 먹이를 보면 침을 흘리는데, 어느 날 파블로프는 실험하는 개에게 먹이를 가져다주던 조교들이 먹이 없이 방에 들어올 때도 그때마다 개들이 침을 흘린다는 사실을 발견했어요. 개들은 매번 조교들이 먹이를 가져다주자, 자연스럽게 '먹이'와 '조교' 사이의 연관성을 배우게 된 거예요. 그래서 그것을 배운 후에는 조교만 봐도 (먹이를 주는 줄 알고) 개들이 침을 흘리게 되었어요.

이런 현상을 관찰한 이후, 파블로프는 음식과 종소리의 연관성을 반복적으로 개들에게 학습시켜, 개들은 종소리만 들어도 침을 흘리게 된다는 실험 결과를 발표했어요. 파블로프는 '고전적 조건화'의 원리를 발견해 노벨상도 타게 됐어요.

파블로프는 이런 사물이나 사람, 현상에 대한 연관성을 배우는 과정에 '고전적 조건화'라고 이름을 붙였어요. 특히 심리학을 전공하는 학생들은 마음과 행동의 이치를 연구하려

| 파블로프의 개 실험 | 불면증 환자의 조건화된 각성 |
|---|---|
| 개들이 먹이를 본다 → 침을 흘린다 | 긴장 상태 → 잠을 못 잔다 |
| 개들이 먹이와 종소리를 반복적으로 경험한다 → 침을 흘린다 | 긴장 상태와 침대가 반복적으로 연합된다 → 잠을 못 잔다 |
| 개들이 먹이가 없이 종소리만 듣는다 → 침을 흘린다 | 스트레스를 받는 일이 없는 상태에서 침대에 눕는다→긴장 상태가 되어 잠을 못 잔다 |

면 고전적 조건화에 대해 꼭 알아야 하고, 심리적 현상들 중에서도 고전적 조건화로 설명할 수 있는 것이 많아요.

불면증이 생기는 과정도 일부 고전적 조건화로 설명할 수 있어요. 스트레스를 받는 일이 생기면, 침대에 누워도 긴장되기 때문에 잠을 설친다고 가정해봐요. 그런데 그렇게 잠을 못 자는 기간이 길어지면, 침대와 이런 긴장된 상태의 연관성을 우리 뇌가 자연스럽게 배우게 됩니다. 그래서 스트레스를 받는 일이 지나가고 나서도, 침대에 눕기만 하면 뇌는 '긴장 상태'와 연관되어 있기 때문에 갑자기 긴장되며 잠이 달아날 수 있어요. 이런 과정을 전문적인 용어로 '조건화된 각성conditioned arousal'이라고 해요. 침대는 원래 편안하게 휴식과 숙면을 취해야 하는 곳인데, 이젠 '긴장하고 잠을 못 자는 곳'으로 잘못 인식하게 된 거예요.

내가 조건화된 각성 상태인지 알 수 있는 몇 가지 시나리오가 있어요. 만약 소파에서 꾸벅꾸벅 졸다가 졸려서 침대로 갔는데, 갑자기 정신이 반짝 들며 잠이 달아난 경험을 한 적이 있나요? 혹은 여행 갔을 때 호텔이나 소파와 같은 다른 곳에서는 잠을 잘 자는데, 내 침대에서만 유독 잠을 설친다면 이미 조건화된 각성 상태가 진행된 거예요.

## 잠만 자는 침대 만들기

내 침대에서 잠을 잘 못 이룬다면, 잠자는 방법을 다시 배워야 해요. 교실에 가서 다시 공부하라는 뜻이 아니에요. 우리의 뇌가 침대를 다시 편안한 안식처로 느끼도록 다시 배워야 한다는 뜻이에요. 그러려면 침대를 잠을 자는 용도로만 활용해야 해요.

### 1단계. 졸음과 피곤함을 구분하기

잠만 자는 침대를 만들기 위한 첫 단계는 졸린 것과 피곤한 것을 구분하는 거예요. 졸린 것은 피곤한 것과는 달라요. 졸린 것은 눈꺼풀이 무거워지고, 고개가 떨궈지면서 침대에 누우면 쉽게 잠을 잘 수 있는 상태예요.

반면에 피곤한 것은 몸에는 에너지가 없는데 머리에는 계속 잡념이 떠돌아다니며 긴장하고 있어, 침대에 누워도 쉽게 잠들지 못하는 상태예요. 특히 일상에서 스트레스를 많이 받으면 쉽게 피곤해질 수 있어요. 무거운 상자를 오랜 시간 들고 있으면 팔의 근육이 피곤해지듯이, 스트레스를 많이 받으면 몸도 쉽게 피곤해져요. 그런데 피곤하면 몸이 긴장 상태에 있기 때문에 침대에 누워도 잠을 쉽게 이루기 어려워요.

졸린 상태와 피곤한 상태를 잘 구분하지 못하고, 졸려도 피곤해도 누워 있으려고 하는 사람이 많습니다. 그런데 잠을 잘 자려면 졸릴 때에만 침대에 누워야 하고, 피곤할 때는 긴장을 해소한 다음에 졸음을 경험하고 나서 침대에 누워야 해요. 졸릴 때에만 침대에 누워야 잠과 침대 사이에 강한 연관성이 생겨요. 그러나 침대에서 스마트폰으로 쩔방 삼매경에 빠지거나 자는 것 외에 여러 활동을 하게 되면 뇌는 침대를 더는 잠을 자는 곳이라고 인식하지 못해요. 그래서 침대에 누우면 오히려 잠이 달아나는 어처구니없는 일이 일어나기도 해요.

당신만의 졸린 신호에는 어떤 것이 있나요? 몸이 잠을 잘 때라고 알려주는 생체 신호에 귀를 기울여보세요. 어쩌면 하루를 너무 바쁘게 사느라 외면하고 있을 수 있어요. 하품을 자주 하거나, 주변에 짜증을 내는 일이 잦아지나요? 불필요하게 야식을 찾지는 않나요? 발견했다면, 지속적으로 침대와 생체 신호에 친해질 수 있도록 기회를 주세요. 조만간 뇌는 침대가 숙면하는 곳이라는 것을 다시 알아차릴 거예요.

## 2단계. 잠 예열하기

잠은 갑자기 켰다가 끌 수 있는 스위치와 같은 것이 아니에요. 업무나 과제를 마치고 노트북을 '탁' 닫고 바로 침대에 눕는 순간 잠들 수 있다는 기대는 수면에 대해 사람들이 오해하고 있는 것 중 하나예요. 수영장에 들어갈 때 준비운동을 해야 하듯, 잠도 준비운동이 필요해요.

'불멍(불을 보며 멍하니 있는 행동)'을 할 때와 같은 상태의 이완을 자기 전 30분에서 한 시간 정도 가지고, 목표가 크지 않은 활동을 하는 것이 좋아요. 특히 졸린 상태가 아니라 피곤한 상태라면, 잠을 예열하는 시간을 충분히 가져서 졸린 상태를 느껴보세요. 이탈리아어로 'far niente'라는 표현이 있는데, '아무것도 하지 않는다do nothing'라는 뜻이에요. 낮에는 목표의식을 갖고 부지런히 살되, 자기 전에는 아무것도 하지 말아보세요.

## 3단계. 잠이 안 오면 침대에서 나오기

잘 수 있을 것 같아 침대에 누웠는데, 뒤척이다 잠을 못 잘 때도 있어요. 그럴 때 몇 시간이고 잠이 혹시나 오지 않을까 하는 마음에 침대에서 나오지 않고 눈을 감고 자려고 애쓰는 분이 있어요. 그런데 깬 상태로 침대에 오래 누워 있을수록 잠들기가 더 어려워져요. 그럴 때에는 30분 정도가 지났다면 침대 밖으로 나오는 것이 오히려 더 좋아요. 대부분 첫 30분 내에 잠을 잘 수 있을 것인지, 한참 잠을 설치다가 잘 것인지를 가늠할 수 있어요.

침대에서 나와서 마음이 편안해지는 활동에 몰두하세요. 물론 그 활동은 사람마다 다를 수 있어요. 편안한 음악을 들어도 좋고, 책을 읽어도 되고, (지루한 내용의) 텔레비전을 봐도 됩니다. 다만 침대 밖에서요. 이때 긴장을 너무 높이거나 잠을 더 깨우는 활동은 피해야 해요. 그래서 공포 영화를 보거나 설거지와 같은 집안일을 하는 것과 집중력이 필요한 활동은 하지 않는 것이 좋아요.

그리고 졸음이 올 때 중간에 끊기 어려운 영화나 드라마, 유튜브 영상도 피하는 것이 좋아요. 시작과 끝이 분명하고, 졸음이 올 때 쉽게 내려놓을 수 있는 단편 소설, 잡지책, 다큐멘터리 등을 보는 것을 추천해요. 따뜻한 모달 담요를 덮고, 허브차를 한 잔 마시면서 사회과학 서적을 읽거나 자연 다큐멘터리를 보면서 잠이 찾아오기를 기다려보세요. 이는 제가 효과를 본 방법이기도 합니다.

이렇게 침대에서 나왔을 때 자신만의 루틴을 만들어보세요. 그 활동을 하는 목표는 잠을 자는 것이 아니라 긴장을 완화해서 졸음이 수면 위로 떠오를 수 있는 상태를 만들어주는 것이에요. 잘 수 있을 것 같을 때 침대에 눕고, 필요한 만큼 세 단계를 반복하세요. 처음에는 따뜻한 침대에서 나오는 것이 싫을 수도 있겠지만, 뇌가 다시 침대에서 숙면을 취하는 방법을 배울 수만 있다면 필요한 단계라는 것을 기억해주세요.

집에서 신나게 손님을 한바탕 치르고 난 뒤에는 적막에 다시 적응하고 정리와 청소를 할 시간이 필요하듯이, 긴 하루의 끝에는 어쩌면 손님이 떠난 직후처럼 당신은 아직 잠을 잘 준비가 안 되어 있을 수도 있어요. 그래서 어떤 학자는 불면증을 두고 긴장 상태를 충분히 해소하지 못해 생기는 병이라고 설명하기도 해요. 하루 바쁘게 달려서 밤 시간까지 왔다면, 졸음을 손님처럼 반갑게 맞이할 수 있도록 잠을 잘 수 있는 마음 상태를 만들어보세요.

# 수면은
# 양보다는 질

예술가인 김 모 씨는 심각한 불면증 증상에 시달리다 상담을 받으러 왔어요. 밤만 되면 창의적인 아이디어가 떠올랐고 그것을 구현하다 보면 새벽 3~4시를 넘기는 경우가 잦았어요. 그러다가 그는 대학교 강사로 임용이 되어 아침 수업에 들어가기 위해 일찍 일어나야 했어요. 아침에 못 일어날 수도 있다는 불안감에 그는 평소보다 더 일찍 잠자리에 들었지만, 늘 두 시간 넘게 뒤척이다가 겨우 잠들 수 있었어요.

뒤척이다가 시간이 어느 정도 지난 것 같으면 머리맡에 둔 스마트폰 시계를 확인하고, "이제 잘 시간에 네 시간밖에 안 남았네, 세 시간밖에 안 남았네…" 하며 잠들지 못하고 깨어 있는 시간이 길어졌고 기상 시간에 가까워지면서 꼭 잠을 자야 한다는 압박감에 시달렸어요. 어떤 날은 눈을 감으면,

주변 소리가 다 들리며 잠을 한숨도 못 잔 것 같은 얕은 수면 상태를 취하다가 일어나기도 했어요.

그는 잠을 자야 한다는 생각에 조급해져 아침 수업 시간에 늦지 않으려고 오후 9시부터 침대에 누워 잠을 자려고 애썼어요. 낮잠을 자보려고도 해봤지만, 누워 있어도 못 자는 날이 더 많았어요. 그래도 그는 계속 침대에 누워 있는 방법을 선택했어요. 그러다 오전 일정이 없는 주말만 되면 늦은 오후까지 몰아서 자기 바빴어요.

위 사례가 공감되나요? 수면 클리닉에서 상담을 하면, 흔히 듣는 불면증 사례이기도 합니다. 잠을 못 자는 분들은 당연히 침대에 더 오래 누워 있어야 어떻게든 잠을 조금이라도 더 잘 수 있다고 기대해요. 그러다 보니, 누워 있는 시간은 길어도 실제로 침대에서 잠을 자는 시간은 누워 있는 시간에 비해 길지 않아요. 잠에 대한 가성비가 매우 떨어지는 거예요. 그리고 실제로 취하는 잠도 한 번에 질이 높은 잠을 푹 자는 것이 아니라 길게 뽑은 국수처럼 가늘고 얕게, 그리고 분절된 형태로 잠을 자게 되어요.

# 수면의 가성비 높이기

우리는 가성비와 효율을 따지는 사회에 살고 있어요. 잠 역시 효율적으로 자는 것이 중요해요. 잠에 대한 가성비는 어떻게 따져보면 좋을까요? 우선 내가 자는 잠의 효율을 계산해볼게요. 잠의 효율은 두 가지 지표로 결정됩니다. 첫째는 잠자리에 머문 시간을 알아봐야 해요. 잠을 자기 위해 불을 끈 시각부터 침대에서 나온 시간까지의 시간을 '잠자리에 머문 시간'이라고 해요. 예를 들어, 위 사례의 김 씨는 오후 9시부터 침대에 누워 있기 시작했고, 다음 날 오전 7시에 침대에서 나와 하루를 시작했어요. 총 열 시간을 누워 있었어요.

그 다음, 침대에 누워 있는 시간과는 별도로 '실제로 잠을 잔 시간'을 계산해볼게요. 잠자리에 머문 시간에서 잠들기까지 걸린 시간, 잠들고 나서 밤중에 깬 시간(화장실에 다녀와서 다시 잠드는 데까지 걸린 시간 등), 그리고 아침에 눈을 뜨긴 했는데 침대에 뭉그적거리다 침대에서 나오는 데 걸린 시간을 모두 빼면 실제로 잔 시간을 알 수 있어요. 위 사례에서 김 씨는 잠드는 데까지 두 시간이 걸렸고, 중간에 깨는 날도 다시 잠드는 데까지 평균 두 시간이 걸렸고, 아침에도 힘들어서 눈을 뜨고도 침대에 한 시간이나 더 누워 있었어요. 결국 그는 누워 있는 열 시간 중에 실제로 자는 시간은 다섯 시간 밖에 되지 않았어요.

잠에 대한 가성비를 전문적인 수면 용어로 '수면 효율sleep efficiency'이라고 해요. 수면 효율은 침대에 누워 있는 시간 대비 실제로 잔 시간의 비율이에요. 예를 들어, 김 씨의 경우 에는 잠자리에 열 시간 머물렀고, 실제로 잔 시간은 다섯 시 간이라서, 수면 효율이 '(5/10)×100＝50%'로 낮았어요. 보 통 잘 자는 사람들은 85퍼센트, 즉 잠자리에 누워 있는 시간 대비 실제로 자는 시간이 85퍼센트가 되어야 수면이 건강하 다고 해요. 따라서 사례로 든 김 씨의 경우에는 한참 못 미친 다는 것을 볼 수 있어요.

### 수면 효율 계산하는 법

▼

수면의 가성비 수준을 확인하려면 매일 나의 잠에 대해 기록 하는 습관을 들이는 것이 좋아요. 우리가 건강해지려고 운동 일 기, 식단 일기를 쓰는 것처럼 잠에 대해서도 관심을 가지고 수 면 일지를 적어보세요. 만약 귀찮다면, 적어도 일주일만이라도 써보고 나의 수면에 대해 조금 더 자세하게 알아보도록 해봐요.

**잠자리에 머문 시간** 잠을 잘 의도로 불을 끈 시각~하루를 시작하기 위해 침대에서 나온 시각

**실제로 잔 시간** 잠자리에 머문 시간 – (잠들기까지 걸린 시간 + 잠들고 나서 밤중에 깬 시간 + 기상하고 눈 떠서 침대에서 뭉그적거리다 나오는 데 걸린 시간)

**수면 효율** (실제로 잔 시간 / 잠자리에 머문 시간)×100

아래 표에서 가로에서 실제로 잔 시간을 찾아보세요. 그리고 세로에서 잠자리에 머문 시간을 찾고, 손가락으로 두 숫자의 교차점을 찾아, 수면 효율을 구해보세요.

실제로 잔 시간

| 잠자리에 머문 시간 | 시간 | 3 | 3.5 | 4 | 4.5 | 5 | 5.5 | 6 | 6.5 | 7 | 7.5 | 8 | 8.5 | 9 | 9.5 | 10 |
|---|---|---|---|---|---|---|---|---|---|---|---|---|---|---|---|---|
| | 3 | 100% | | | | | | | | | | | | | | |
| | 3.5 | 86% | 100% | | | | | | | | | | | | | |
| | 4 | 75% | 88% | 100% | | | | | | | | | | | | |
| | 4.5 | 67% | 78% | 89% | 100% | | | | | | | | | | | |
| | 5 | 60% | 70% | 80% | 90% | 100% | | | | | | | | | | |
| | 5.5 | 55% | 64% | 73% | 82% | 91% | 100% | | | | | | | | | |
| | 6 | 50% | 58% | 67% | 75% | 83% | 92% | 100% | | | | | | | | |
| | 6.5 | 46% | 54% | 62% | 69% | 77% | 85% | 92% | 100% | | | | | | | |
| | 7 | 43% | 50% | 57% | 64% | 71% | 79% | 86% | 93% | 100% | | | | | | |
| | 7.5 | 40% | 47% | 53% | 60% | 67% | 73% | 80% | 87% | 93% | 100% | | | | | |
| | 8 | 38% | 44% | 50% | 56% | 63% | 69% | 75% | 81% | 88% | 94% | 100% | | | | |
| | 8.5 | 35% | 41% | 47% | 53% | 59% | 65% | 71% | 76% | 82% | 88% | 94% | 100% | | | |
| | 9 | 33% | 39% | 44% | 50% | 56% | 61% | 67% | 72% | 78% | 83% | 89% | 94% | 100% | | |
| | 9.5 | 32% | 37% | 42% | 47% | 53% | 58% | 63% | 68% | 74% | 79% | 84% | 89% | 95% | 100% | |
| | 10 | 30% | 35% | 40% | 45% | 50% | 55% | 60% | 65% | 70% | 75% | 80% | 85% | 90% | 95% | 100% |

## 신호등으로 알아보는 수면 효율

| | |
|---|---|
| **85~95%** | 가성비 아주 좋아요! |
| **95% 초과** | 혹시 잠을 잘 시간이<br>부족한 것은 아닌가요? |
| **85% 미만** | 가성비가 떨어져요.<br>깊게 잠들지 못하고 있어요. |

# 불규칙적으로 자는 것이 더 나빠요

잠을 매일매일 똑같이 자는 사람은 아무도 없어요. 바쁜 일이 생겨 어쩔 수 없이 잠을 줄여야 할 때도 있고, 오랜 친구를 만나 늦게까지 놀다가 평소보다 잠자리에 늦게 들 수도 있어요. 다행히 우리의 몸은 이런 작은 잠의 차이, 가끔씩 발생하는 잠의 일탈에 대해 관대하고, 건강에 큰 지장 없이 탄력성이 꽤 좋은 편이에요.

그렇지만 매일매일의 수면이 지속적으로 크게 차이가 나는 분도 있어요. 대표적인 예로 밤과 낮을 번갈아 가며 일하는 교대 근무자가 있어요. 교대 근무를 하는 사람은 다른 사람이 잠을 잘 시간에 일을 하고, 다른 사람이 하루를 시작할 시간에 잠을 청하기도 해요. 교대 근무를 하는 사람이 교대 근무를 하지 않는 사람보다 각종 질병에 걸릴 가능성이 높고 건강에 악영향을 받는다는 연구가 그동안 많이 발표되었어요(더 자세한 내용은 195쪽 교대 근무 관련 내용을 참고해주세요).

직업과 관계없이 본인이 선택해서 불규칙적으로 자는 사람도 있어요. 청소년이나 젊은 성인(주로 10~20대 초반)은 발달학적으로 늦게 자는 것을 선호하고, 등교하는 날이나 출근하는 날에 비해 주말이나 자유 일정인 날에 더 오래, 더 늦게까지 자요. 그래서 주중과 주말의 수면의 양뿐만 아니라 일어나는 시간도 차이가 커요. 유사하게 노년층은 은퇴를 하게 되면 직장에 다녔을 때보다 더 늦게 자고 더 오래 잔다고 해요.

문제는 이렇게 불규칙한 수면 습관이 오랫동안 지속되면, 비만이나 당뇨병과 같은 대사 증후군 관련 증상이 발생한다고 밝혀졌어요. 어떤 연구는 수면의 양만큼이나 규칙적으로 자는 것이 건강을 지키는 데 중요하다고 해요. 2023년에 발표된 한 논문에서는, 잠을 자는 시간이 매일 들쭉날쭉하여 그 차이가 다음날과 평균 60분 이상 날 때마다, 초음파로 검사한 경동맥 내막 매질 두께가 0.049밀리미터 더 두꺼워진다고 발표했어요.[17] 결국 이런 변화가 내 몸에 축적되어 장기화되면 심장 질환, 대사 증후군과 같은 질환으로 진행될 수 있기 때문에 조심해야 해요.

# 침실에서 시간 단서가
# 될 만한 물건을 치워보세요

잠을 잘 자는지 알려면 시계를 보는 것이 도움이 되는지 궁금해하는 분이 간혹 있어요. 특히 머리맡에 스마트폰을 두고 잠들거나 침실에 시계가 있는 경우에는 불면증으로 인해 자다가 밤중에 일어나 습관적으로 시간을 확인하게 됩니다. 우리 몸은 하품과 무거운 눈꺼풀과 같이 언제 잠을 자야 하는지 생물학적인 신호를 보내는데, 만약 자다 깨서 시계를 보게 되면 우리 몸이 보내는 내부의 생체 신호 대신 시계와 외부 단서에 의존하게 되어요. 그렇게 외부 단서에 계속 의존하다 보면 우리 몸에 필요한 자연스러운 취침과 기상 시간을 무시한 채, 시간에 집착하며 잠을 자게 되는 나쁜 습관이 들 수 있어요.

그리고 밤중에 깨거나 너무 일찍 일어나면서 불면증이 며칠 지속되면 원하지 않은 같은 시간에 반복적으로 깰 수 있어요. 어느 순간 그 시간이 깨는 시간이라고 뇌가 인식해버려서 잠을 자며 무의식적으로 그 시간에 자는 습관이 들 수도 있어요. 아침에 같은 시간에 알람 소리를 듣고 깨는 분들이, 알람 소리가 울리기 직전에 잠에서 깨는 현상과 비슷한 거예요.

그래서 잠들기 전에는 알람 기능 외에는 스마트폰을 쓰지 않는 것이 좋고, 특히 스마트폰 시계는 되도록 보지 않아야 합니다. 더 나아가서 침실에 있는 모든 시간 단서, 예컨대 벽시계, 손목시계, 자명종 등을 치우면 수십만 년 동안 우리의 조상을 포함하여 모든 인간에게 별다른 노력 없이 자연스럽게 찾아온 수면을 더 쉽게 만날 수 있으니, 인내심을 가지고 나의 몸을 오롯이 믿어보세요.

## 수면 일지를 써보세요

수면 일지는 기상 후 전날 밤의 수면에 대해 작성하는 기록으로, 수면 일지를 통해 일상적인 수면 양상을 알 수 있어요. 수면 일지에는 침대에 누운 시간, 잠에 든 시간, 일어난 시간 등을 기록합니다. 이때 정확한 시각을 확인하는 것이 아니라 기억나는 만큼 주관적으로 적어야 해요.

다음 장의 예시를 참고하여 수면 일지를 써보세요. 이렇게 작성한 정보를 바탕으로 수면 패턴이 일정한지, 어떤 요인이 수면에 영향을 미치는지 알 수 있습니다.

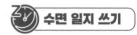

## 수면 일지 쓰기

| 작성일 | | 오전 | | | 오후 | | | | | | | | | | | | |
|---|---|---|---|---|---|---|---|---|---|---|---|---|---|---|---|---|---|
| 날짜 | 요일 | 10 | 11 | 12 | 1 | 2 | 3 | 4 | 5 | 6 | 7 | 8 | 9 | 10 | 11 | 12 | |
| | | | | | | | | | | | | | | | | | |
| | | | | | | | | | | | | | | | | | |
| | | | | | | | | | | | | | | | | | |
| | | | | | | | | | | | | | | | | | |
| | | | | | | | | | | | | | | | | | |
| | | | | | | | | | | | | | | | | | |
| | | | | | | | | | | | | | | | | | |

[ 수면 일지 예시 ]

| 작성일 | | 오전 | | | 오후 | | | | | | | | | | | | |
|---|---|---|---|---|---|---|---|---|---|---|---|---|---|---|---|---|---|
| 날짜 | 요일 | 10 | 11 | 12 | 1 | 2 | 3 | 4 | 5 | 6 | 7 | 8 | 9 | 10 | 11 | 12 | |
| | 수 | | | | | | 2:30~3:30 | | | | | | | | | | |
| | 목 | | | | | | | | | | | | | ↓ 10:30~1:00 | | | |
| | 금 | | | | | | | | | | | | | | ↓ 11:00~1:00 | | |
| | 토 | | | | | | | | | | | | | | | | |
| | | | | | | | | | | | | | | | | | |
| | | | | | | | | | | | | | | | | | |
| | | | | | | | | | | | | | | | | | |

| 오전 | | | | | | | | | |
|---|---|---|---|---|---|---|---|---|---|
| 1 | 2 | 3 | 4 | 5 | 6 | 7 | 8 | 9 | 10 |
| | | | | | | | | | |
| | | | | | | | | | |
| | | | | | | | | | |
| | | | | | | | | | |
| | | | | | | | | | |
| | | | | | | | | | |
| | | | | | | | | | |

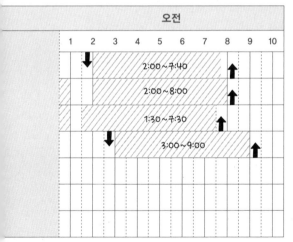

| 오전 | | | | | | | | | |
|---|---|---|---|---|---|---|---|---|---|
| 1 | 2 | 3 | 4 | 5 | 6 | 7 | 8 | 9 | 10 |

2:00~7:40
2:00~8:00
1:30~7:30
3:00~9:00

| 수면 일지 작성 방법 | |
|---|---|
| ↓ | 잠자리에 누운 시간 |
| ///// | 잠을 잔 시간<br>색칠 위에 시간을<br>기록해주세요. |
| 빈칸<br>(색칠하지<br>않음) | 자는 도중에 깬 시간 |
| ↑ | 잠자리에서 나온 시간 |

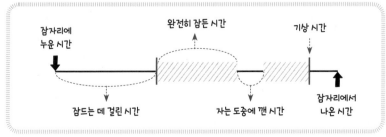

잠자리에 누운 시간

완전히 잠든 시간

기상 시간

잠드는 데 걸린 시간

자는 도중에 깬 시간

잠자리에서 나온 시간

# 주말에
# 몰아서 자도 괜찮을까요?

한 취준생이 찾아왔어요. 취업 준비를 해야 하는데, 잠을 잘 못 자니까 준비도 미흡하고, 취업을 해도 걱정이라고 했어요. 우선 무엇이 문제인지 알기 위해 수면을 객관적으로 측정해주는 액티그래피라는 수면기기를 채워서 돌려보내고, 일주일 후에 다시 오라고 했어요.

일주일 후에 취준생의 수면을 분석해보니 매우 불규칙적인 생활을 하고 있다는 것을 볼 수 있었어요. 특히 기상 시간을 보면, 일찍 일어난 다음 날에는 잠을 보충하느라 오후나 되어서야 일어나는 것을 볼 수 있었습니다.

**취준생의 6일간 불규칙한 수면 기록**

| 일수 | 취침 시간 | 기상 시간 |
|------|-----------|-----------|
| 1일 차 | 23:00 | 6:40 |
| 2일 차 | 1:00 | 12:01 |
| 3일 차 | 4:30 | 12:50 |
| 4일 차 | 21:00 | 3:00 |
| 5일 차 | 5:00 | 12:20 |
| 6일 차 | 21:00 | 13:00 |

이 취준생의 사례처럼, 불면증이 있는 분들은 강제된 사회생활을 하기 위해 주중에는 적게 불규칙적으로 자고 주말에 몰아 자는 경향이 있는데, 수면학자들은 주중과 주말의 기상 시간 차이가 두 시간 이상 나면 '사회적 시차social jet lag'가 발생한다고 해요. 우리가 다른 시간대의 나라로 해외여행을 가면 시차에 적응하느라 피곤하듯이, 사회적 시차가 발생하면 우리의 몸은 언제 잠을 자야 하는지 혼란스럽고 피곤하기 때문에 시도 때도 없이 눕고 싶을 수 있어요.

위 취준생은 4일 차에는 새벽 3시에 일어나고, 다음 날 5일 차에는 오후 12:20에 기상한 것을 볼 수 있어요. 사회적 시차가 아홉 시간 정도 발생했어요. 우리나라와 아홉 시간 정도 시차가 나는 나라는 스페인인데, 당일치기로 스페인에 다녀온다고 생각한다면 시차 적응에 얼마나 피곤할까요?

이렇게 잠을 잘 기회가 있어도 잠을 제대로 못 자는 것이 불면증이라고 한다면, 사회적 시차는 몸의 생체리듬이 혼란스러워 언제 잠을 자야 할지 모르게 만들어, 불면증에 걸릴 가능성을 높여요. 그러므로 주말에 몰아서 자지 않고 기상 시간을 일정하게 습관화하는 것이 좋습니다. 기상과 취침 시간을 매일 비슷한 시각에 맞춰두면 언제 자야 하는지, 언제 일어나야 하는지를 지나치게 생각하거나 의사결정을 하지 않아도 되므로 도움이 돼요.

# 낮잠도 잘 자면
# 도움이 된다

혼자서 원룸에 살며 회사에 다니는 30대 남성 장 씨가 불면증을 호소하며 상담을 받으러 왔어요. 업무량이 많고 야근이 잦은 최근 회사 사정 때문에 스트레스를 받고 있었어요. 그는 저녁 8시쯤 퇴근해서 귀가를 하면, 외출복을 갈아입지도 않은 채 그때부터 저녁 11시까지 쓰러져 잤다고 해요. 그리고 11시에 일어나서 대충 씻고 주변 정리를 한 다음에 본격적으로 자기 위해 스마트폰을 보며 침대에 눕는데, 아무리 애써도 잠이 오지 않았다고 해요. 줄곧 새벽 3~4시에 간신히 잠들었다가 새벽 6시에 일어나 두세 시간만 자고 출근을 했어요. 잠을 적게 자다 보니, 퇴근하면 또 쓰러져 몇 시간을 자다 일어나는 악순환을 반복했어요.

수면에 대해 검색해보면 낮잠은 무조건 나쁘기 때문에 자지 말고 밤까지 참으라는 정보가 많아요. 그런데 낮잠과 밤잠의 관계는 그렇게 단순하지 않아요. 낮잠은 언제, 그리고 얼마큼 자는지에 따라 밤잠을 방해할 수도 있고, 오히려 에너지 수준을 늘리고 낮에 집중력을 높일 수 있게 도움을 주기도 해요. 이런 차이를 잘 이해하려면 수면의 단계에 대해 알아야 합니다.

## 알면 도움이 되는 수면의 네 단계

앞에서 설명했듯이, 우리의 수면은 크게 네 단계로 구분되어요. 1단계, 2단계, 3단계, REM수면 단계예요. 우리가 잠들고 나서 잠은 1단계에서 REM수면까지 순차적으로 거치는데, 한 번의 주기는 평균적으로 90분 정도 걸려요. 우리가 낮잠을 자는 시간은 어느 단계에서 낮잠에서 깨는지를 의미해요. 예를 들어, 30분 이내로 낮잠을 자면, 1단계 수면(2~5분 소요)과 2단계 수면(약 30분 소요)을 거치게 됩니다. 2단계 수면은 학습과 기억을 돕기도 하고, 낮잠을 자더라도 일어나기 비교적 쉬워요.

그런데 낮잠이 30~60분 사이가 되면 1단계와 2단계를 지나 3단계 수면(약 20~30분 소요)까지 도달하게 됩니다. 3단계 수면은 가장 느린 뇌파가 나와서 회복력이 가장 좋은 반면, 일어나기가 가장 어렵고 일어나서도 한참 멍한 상태가 지속되며 멘탈을 재부팅하는 데 시간이 오래 걸려요.

낮잠이 60~90분 사이로 길어지면, 1~3단계 수면을 지나서 REM수면(약 20분 소요)에 도달하게 됩니다. 이 단계는 뇌는 조금 더 활발해지지만, 꿈을 많이 꾸는 단계이기도 해요. 1~3단계 수면을 지나 REM수면까지 거치면 하나의 수면 주기가 완성된 것이기 때문에 이때 보통 일어나기가 수월할 수 있어요. 요즘 많이 판매하는 스마트 알람도 수면 주기와 여러 센서를 활용해서 REM수면 단계가 끝날 무렵에 알람을 울려 잠을 깨우려고 디자인된 제품들이에요.

이쯤 되면 '아, 낮잠을 그럼 60~90분 정도 자서 REM수면 단계가 끝날 무렵에 일어나면 되겠네?'라고 생각하시는 분이 있을 거예요. 그런데 낮잠은 얼마나 자는지도 중요하지만, 또 언제 자는지, 즉 낮잠의 타이밍도 어떤 수면 단계가 우세하게 나오는지를 결정해요. 낮에 생활하며 깨어 있는 시간이 길수록 3단계 수면의 비율이 늘어납니다. 예를 들어, 밤에 이미 잤기 때문에 아침 시간에 낮잠을 청하면 REM수면 단계의 비율이 우세해요. 그리고 오후에 낮잠을 오래 자게 되면, 3단계 수면 단계와 REM수면 단계가 비슷한 비율로 나타나요.

사연자 장 씨와 같이 저녁에 낮잠을 자면, 3단계 수면이 낮잠의 가장 많은 비중을 차지해요. 그러나 낮잠으로 3단계 수면을 충분히 상쇄하면, 3장에서 언급한 수면 욕구가 감소하기 때문에 밤에 잠이 안 오게 됩니다. 장 씨도 퇴근 후 낮잠을 저녁 시간에 세 시간 정도 자고, 대부분 3단계 수면이었을 가능성이 높아요. 그렇게 되면 수면 욕구가 낮아져 밤잠을 방해하며, 밤에 잠을 못 자다 보니 결국엔 통잠을 이루지 못해 낮에 피곤하고 다음 날 또 낮잠이 자고 싶어지는 등 수면 리듬이 깨지는 악순환을 매일같이 반복하게 됩니다.

## 가장 좋은 낮잠 타이밍 찾기

앞의 정보를 참고하여 우리가 낮잠을 꼭 자야 한다면, 언제, 어떻게 자는 게 좋은지 유추할 수 있어요. 하루를 길게 살기 위해 낮잠을 자고 싶으면, 기상 후 7~9시간 사이에 자연스럽게 우리의 생체리듬이 한풀 꺾이는 구간이 있어요. 이것을 수면의학에서는 일주기리듬이 일시적으로 각성 상태가 떨어진다고 해서 '생체리듬 감소circadian dip'라고 표현해요. 스페인과 같은 나라에서는 보통 가게 문을 닫고 이 시간에 시에스타라고 하는 낮잠을 취하기도 해요.

보통 생체리듬 감소 구간이 점심을 먹고 난 후와 겹치기 때문에, 이때 졸린 것을 식곤증이라고 생각하는 경우가 많은데, 당신이 졸린 것은 배부른 것 때문만이 아니라 생체리듬 감소 때문이에요. 그리고 이때가 낮잠을 자기 쉬운 시간이기도 해요. 다만 오후의 낮잠은 3단계의 깊은 수면으로 갈 가능성이 있기 때문에 낮잠을 30분 미만으로 자는 게 좋아요. 30분 이상 자면 밤잠에 방해가 될 수도 있고, 일어나고 나서도 멍하거나 더 피곤하게 느낄 수도 있어요. 그리고 저녁 시간에 자는 낮잠은 되도록 피하는 것이 좋아요.

사연자의 경우, 그의 (저녁 시간에 자는) 낮잠 습관을 우선 없애는 것이 중요하다고 판단했어요. 그래서 그에게는 '마의 시간'이라고 느껴지는 저녁 8~11시는 무조건 원룸에 들어가지 말고, 밖에서 보낼 수 있게 계획을 세웠어요. 친구를 만나는 날도 있고, 근처 커피숍에 가서 좋아하는 드라마를 보거나 재미있는 책을 읽었어요. 일주일 넘게 늦은 낮잠을 피하고 나니, 밤에 잠드는 시간이 훨씬 빨라지고, 밤에 통잠을 7~8시간 잘 수 있게 되었어요. 낮잠이 무조건 나쁜 것은 아니에요. 《낮잠을 자고 인생을 바꾸세요Take a nap! Change your life》의 저자이자 수면학자인 사라 메드닉Sara Mednick은 수면의 여러 분야 중에서도 낮잠의 이점을 평생 연구해왔어요. 이 책을 보면 오히려 오후에 30분 내로 자는 낮잠은 하

루에 활력을 불어넣어 주고, 집중력 향상과 같은 인지 기능
에 도움을 준다고 해요. 세상은 낮잠을 자는 사람과 자지 않
는 사람으로 구분된다는 이야기도 합니다.

저도 이 책을 읽고 궁금해서 생체리듬 감소 구간일 때 연
구실에 누워서 짧은 낮잠을 청해봤어요. 도움이 된다고 느껴
서 지금도 기회가 되면 20~30분씩 낮잠을 자고 오후 시간
에도 오전만큼 텐션을 높이며 살려고 노력해요. 낮잠이 무조
건 나쁘다는 선입견을 버리고, 최대한 나에게 유리하게 활용
해보는 방법을 고려해보세요. 물론 밤잠을 방해하지 않는 선
에서요.

# 웨어러블 시계가 불러온
# 수면 완벽주의

어느 30대 남성은 여자친구한테 크리스마스 선물로 스마트 시계를 선물로 받았어요. 그는 평소에 집중력이 떨어지고 피곤하다고 느꼈으며, 유독 이런 증상이 심한 날에 스마트 시계를 확인해보면 여덟 시간을 채 못 잔 날이라는 것을 알게 되었어요. 그는 시계 선물을 받은 후 잠을 자고 나서 그는 스마트 시계가 알려주는 잠에 대한 정보를 계속 확인하고 습관이 생겼어요. 스마트 시계의 수면 기록에 따르면 그가 취하는 잠의 마지막 몇 시간은 매우 얕은 잠이라는 것을 알려줬어요. 그는 7시간 45분을 잔 날에도 여덟 시간을 채우지 못한 것에 대해 스트레스를 받았고, 점점 자는 시간에 집착하며 압박감을 느끼기 시작했어요.

최근 들어 갤럭시워치나 애플워치를 차고 있는 모습을 자주 볼 수 있어요. 그만큼 수면 데이터를 분석하여 숙면을 돕는 기기를 개발하는 슬립테크sleep tech 시장이 커지고 있습니다. 수면에 대한 정보를 제공하는 웨어러블 기기를 이용하면 비교적 쉽게 매일 당신이 어떻게 잤는지, 얼마나 잤는지와 같은 잠에 대한 정보를 얻을 수 있어요. 세 명 중 한 명꼴로 본인의 수면이 불만족스럽다고 느끼는 현대 사회에서 이러한 기기의 등장은 좋은 추세로 보입니다. 그런데 최근에 이런 트렌드와 발맞추어 위 남성처럼 매일 자신의 수면을 확인하고 집착하는 수면 완벽주의orthosomnia가 있는 분들이 증가했다고 해요. 즉, 수면 건강에 지나치게 집착하는 것도 수면을 방해할 수 있어요.

이런 웨어러블 기기가 어떻게 수면 정보를 기록하게 되는지 배경지식을 가지고 있는 것이 도움이 됩니다. 웨어러블 기기는 대부분 가속도계accelerometer를 내장하고 있어서 움직임의 정도와 빈도를 기록해요. 그 이외에도 상용화된 웨어러블 같은 경우에는 광용적맥파photoplethysmography를 통해 심박수와 같은 정보도 기록하고, 기기에 따라 내장된 센서로부터 다양한 정보가 기록됩니다. 그 다음 이 모든 정보를 취합하여 각 회사에서 자체적으로 개발한 알고리듬을 적용하여 잠을 자는지 여부, 그리고 수면의 깊이(혹은 수면의 단계)에 대한 정보를 계산해서 당신에게 제공해줘요. 회사는 대부분 이런 자체 알고리듬을 고유 자산으로 여기기 때문에 알고리듬을 비공개로 하는 경우가 많으므로 정확성을 알기 어려울 때가 자주 있습니다.

## 웨어러블 기기를 맹신하지 않기

잠을 불만족스러워하는 사람일수록 스마트 시계와 같은 수면 정보를 알려주는 기기에 관심이 많아요. 그런데 아이러니하게도, 웨어러블 시계가 잘 자는 사람의 수면은 비교적 정확하게 측정하는 반면, 잘 못 자는 사람들의 수면은 정확하게 측정하지 못해요. 위에 언급한 것처럼, 이런 자료 대부분이 가속계 센서, 즉 움직임에 기반해서 수면이 결정되어요. 잠을 잘 못 자는 사람일수록 자는 도중 많이 움직이고, 뒤척이기도 하고, 잠을 안 자고 있지만 가만히 누워 있는 경우도 많아요. 그러면 알고리듬마다 차이가 있겠지만 깨어 있어도 잠을 자고 있다고 인식하거나, 잠을 자고 있어도 깨어 있다고 잘못 해석할 수 있어요.

예를 들어, 애플워치의 경우에는 내장된 가속계만 활용하여 수면의 여부와 깊이를 결정한다고 발표했어요.[18] 잠을 자는 동안에는 대부분 움직이지 않기 때문에, 활동이 감소하면 잠을 자는 것으로 잠든 시간, 깬 시간, 자는 동안 깬 횟수를 판단하게 되어요. 30초에 한 번씩 이런 움직임의 정도를 기록하여, 알고리듬을 통해 '깨어 있음Awake', 'REM수면', '깊은 수면deep sleep', '핵심 수면core sleep'으로 분류하게 됩니다.

그러나 잠을 못 자거나 수면 장애가 있는 사람은 자면서 많이 움직이기 때문에 실제로 자고 있어도 웨어러블 시계가 깨어 있는 상태로 판단할 수 있어요. 그래서 웨어러블 시계가 실제로 잔 시간보다 더 적게 측정해서 '너 어제 잠을 못 잤어!'라고 알려줄 수도 있기 때문에 아침에 일어나 이런 정보를 접하면 아침부터 힘이 빠질 수 있어요.

## 스마트 시계만 믿었다가는
## 낮이 피곤해질 수 있다

한 연구에서는 연구 참여자들 63명에게 수면 정보를 제공하는 스마트 시계를 채워주었어요. 그리고 다음 날 그들이 일어난 후에, 그들의 실제 수면과는 무관한 거짓된 피드백을 제공하는 실험을 했어요.[19] 연구 참여자의 절반에게는 기기를 분석해서 잠을 잘 잤다는 긍정적 피드백을 제공하고, 나머지 절반에게는 수면의 질이 나빴다고 알려줬어요. 그런 다음 연구 참여자들이 하루 동안 얼마나 집중을 잘했는지, 피로를 느꼈는지 확인했어요.

신기하게도 참여자들은 실제의 수면과 전혀 무관한 피드백이었는데도 불구하고, 긍정적 피드백을 받은 집단은 낮 동안에 큰 변화가 없었던 반면, 부정적 피드백을 받은 집단은 낮 동안에 더 피곤하고 졸리다고 보고했어요. 이처럼 웨어러블 기기에서 제공된 나의 수면 정보가 정확하지 않아도 어떤 피드백을 받는지에 따라 나의 하루를 활기차게 맞이할 수도 있고, 하루를 망칠 수도 있어요.

아울러 요즘 웨어러블 기기는 '잠의 깊이'에 대한 정보를 알려주는 경우도 많아요. 스마트 시계가 알려주는 정보를 통해 깊은 잠과 얕은 잠의 비율을 보고 본인의 수면에 대해 걱정하는 분도 심심치 않게 만나게 됩니다. 본인의 수면에 관심을 가지고 정보를 추적하는 것은 수면 건강을 지키는 데 도움이 되는 습관이라고 생각해요. 그런데 수면의학에서 잠의 깊이를 가늠할 수 있는 황금 기준은 뇌파예요. 아쉽게도 웨어러블을 통해 뇌파를 측정할 수 있는 기기는 아직 없으므로 얕은 잠과 깊은 잠의 차이는 움직임이나 심박수와 같은 수치를 활용해서 잠의 깊이를 판단해요. 이 때문에 학계에서는 정확도가 아쉽다는 평가가 있으므로 참고만 하면 좋겠어요.

잠은 매일 똑같지 않아요. 살다 보면 바빠서 적게 자기도 하고, 외부적인 요인으로 잘 못 자게 될 수도 있어요. 그러나 웨어러블 시계를 통해 강박적으로 매일 수면을 체크하다 보면 '나의 수면은 완벽해야 해'라는 생각 때문에 조금만 못 자도 파국화하고 쓸데없는 걱정을 유발할 수 있어요.[20]

잘 못 자는 사람이라면 웨어러블을 너무 맹신하지 않기로 해요. 어젯밤 나의 잠이 얼마나 괜찮았는지는, 내가 하루 동안 낮에 얼마나 잘 지내는지를 기준으로 판단하는 것이 가장 정확해요. 낮에 피곤하고 집중력이 떨어진다면, 차라리 30분만 일찍 잠자리에 들도록 해요. 잠에 대한 고민이 깊어도 스마트 시계에 과하게 의존할 필요는 없어요. 완벽한 수면이란 이 세상 그 누구도 누려보지 못했고 존재하지도 않기 때문이에요.

# 멜라토닌을 먹으면
# 도움이 되나요?

최근 들어 멜라토닌에 대해 물어보는 사람이 부쩍 늘어났어요. 수면제는 너무 센 것 같고, 멜라토닌은 우리 몸에서 생성되는 호르몬이니 건강보조제로 먹으면 안전할 거라고 생각하는 것 같아요.

해외의 대형 약국을 방문해보면, 멜라토닌을 처방전 없이 쉽게 구매할 수 있어요. 그래서 불면증이 있을 때 잠을 자기 위한 방법으로 수면제 대신 멜라토닌을 안전한 선택지로 많이 고려하는 것 같아요. 한국에서는 아직 규제가 있기 때문에 병원에서 의사의 처방을 받아 의약품의 형태로 구할 수 있어요.

멜라토닌은 우리 뇌의 솔방울샘이라는 부위에서 생성되는 호르몬으로, '어두움의 호르몬'이라고 부르기도 해요. 밝음과 어두움(즉 낮과 밤)으로 인해 분비 시기와 양이 결정되기 때문이에요. 어두워지면 멜라토닌 생성이 시작되고, 매일 밤 규칙적으로 자는 사람이라면, 평소의 취침 시간 두 시간 전쯤에 분비가 됩니다. 그리고 멜라토닌이 뇌에서 분비되면, 우리는 졸리게 되어요. 멜라토닌이 나온다는 것은 우리의 몸에게 휴식을 취하라는 신호예요. 그리고 밤에 밝은 빛을 쬐게 되면, 멜라토닌의 분비가 억제될 수 있어요. 그래서 밤이 되면 너무 밝은 불빛은 피하는 것이 좋아요.

멜라토닌은 앞서 언급한 '저녁형 인간'과 '아침형 인간' 유형과도 관련이 있어요. 연구에 따르면, 저녁형을 선호하는 분들은 아침형을 선호하는 분들보다 멜라토닌이 더 늦은 시간에 분비되고, 아침형인 분들은 저녁형인 분들보다 멜라토닌이 더 이른 시간에 분비되어요. 즉 멜라토닌은 우리가 잠을 잘 타이밍을 결정하는 것으로 유추할 수 있어요.


## 멜라토닌은 안전할까?


수면 학계에서도 멜라토닌의 수면에 대한 효과성과 안정성을 다룬 연구가 많이 수행되었어요. 그중 과학적 기준을 가장 엄격하게 활용한 논문만을 추려서 취합한 연구를 '메타

분석meta-analysis'이라고 하는데, 최근 2017년에 멜라토닌에 대한 메타분석 논문이 발표되었어요.[21]

이 논문에서 멜라토닌은 불면증이 있는 경우, 잠드는 데까지 걸리는 시간을 줄여주고 저녁형(즉 지연성 수면위상증후군)인 경우 더 일찍 자고 일찍 일어나게 도와주며, (빛을 볼 수 없는) 시각 장애인의 경우, 수면을 규칙적으로 잡아주는 데 효과가 있다고 밝혀졌어요. 그러나 아직은 멜라토닌이 잠을 못 자는 사람이 더 오래, 더 깊게 자는 데 효과가 있다고 결론을 내리기에는 연구가 충분하지 않아요.

한 가지 주의해야 할 점은, 멜라토닌이 잠드는 데까지 걸리는 시간을 줄이는 데 효과가 있기는 했지만 불과 5.5분밖에 감소되지 않았다는 거예요. 잠을 자게 도와주는 다른 과학적 근거가 있는 방법들(수면제나 불면증을 위한 인지행동치료 등)에 비해서는 미미한 효과예요.

종합해보면 멜라토닌은 수면의 질이나 양을 향상하기 위한 보조제로 사용하기보다는 수면의 타이밍을 조정하기 위해 사용하는 것이 더 효과적이라는 의견이에요. 원하는 수면 시간 두 시간 전에 멜라토닌을 복용하면, 두 시간 후쯤에는 졸음을 유발해 잠을 잘 수 있게 도와줘요.

처방전이 필요 없는 멜라토닌의 안정성을 다룬 연구는 많지 않지만, 2017년에 수행된 한 연구에서 시중에 나와 있는 멜라토닌 제품 31종을 분석했어요.[22] 연구 결과는 수면학자들도 놀랍게 했는데, 라벨에 명시되어 있는 성분과 실제 멜라토닌의 성분이 상이한 경우가 많은 것으로 나타났어요. 시중에 나와 있는 멜라토닌 제품의 71퍼센트가 라벨의 성분보다 함량이 10퍼센트 적거나 크게 미달했고, 멜라토닌의 함량 범위는 적게는 표시된 라벨 용량의 17퍼센트만 들어 있는 경우도 있고, 많게는 용량의 4.7배인 경우도 있었어요. 즉 처방전 없이 복용하는 멜라토닌은 라벨에 표시된 성분과는 상당히 차이가 나는 용량을 섭취할 가능성이 높아요. 심지어 제품 중 26퍼센트는 라벨에 명시되어 있지 않은 세라토닌 성분도 함유되어 있었어요. 식약청의 규제를 받지 않은 건강보조제의 단점을 잘 보여주는 연구 결과예요.

멜라토닌을 얼마큼 먹어야 효과적인지도 궁금할 수 있을 것입니다. 전문가들은 보통 멜라토닌 1~5밀리그램을 권장하며,[23] 한 번에 10밀리그램 이상 복용하지 말라고 해요. 물론 미성년자는 용량을 더 적게 복용해야 해요. 대부분의 연구에서 0.5밀리그램에서 3밀리그램 사이의 용량이 가장 효과적이라고 밝혀졌어요.

# 커피를
# 현명하게 마시려면

식후 커피가 일상화된 한국에서 커피의 선호도나 카페인 민감증에 대한 이야기를 다양하게 들을 수 있어요. 어떤 분은 아침에 한 모금만 마셔도 밤만 되면 가슴이 두근거려서 밤잠을 이루지 못한다는 분도 있고, 저녁 식사 후 에스프레소를 진하게 마셔도 베개에 머리를 대면 바로 잠에 빠진다는 분도 있어요. 그렇다면 자기 전에 커피를 마시지 말라는 많은 전문가들의 이야기는 어디까지 믿어야 할까요?

## 커피는 왜 잠을 방해할까?

앞에서 다룬 잠의 원리 중에 '수면 욕구'라고 있어요. 우리는 깨어 있는 시간이 충분히 길어야, 우리 몸에 아데노신이라는 성분이 축적되어 수면 욕구가 높아지며 잠을 잘 수 있게 되는 것이죠. 아데노신을 열쇠라고 비유한다면, 우리의 뇌에는 아데노신에 꼭 맞는 자물쇠 역할을 하는 수용기들이 있어요. 아데노신이 수용기에 결합하면 뇌의 활동이 느려지면서 수면 욕구가 높아지고 졸리게 되어 있어요.

그러나 커피와 같은 카페인이 든 음료를 마시게 되면, 아데노신이 결합해야 할 이 수용기에 카페인이 대신 결합하게 됩니다. 그래서 아데노신이 작용을 못하게 막게 되지요. 마치 시끄러운 소리가 나서 귀를 막으면 소리가 잘 안 들리는 것처럼 커피를 마시면 졸리지 않는다고 느끼고, 잠에서 깨게 됩니다. 그래서 커피 및 카페인이 든 다른 음료나 식품은 (합법적인) 마약류 중 각성제로 분류되어 있어요.

카페인이 우리 몸에 남아 있는 반감기half-life는 일반적인 사람의 경우에는 5~6시간이에요. 반감기란 특정 성분이 반으로 줄어드는 기간을 의미해요. 즉 커피를 마시고 5~6시간이 지난 후에도 우리 몸에 반 정도의 카페인이 남아 있다는 뜻이에요. 다르게 이야기하자면, 만약 오후 6시에 커피 한 잔을 마셨다면, 밤 12시에 커피 반 잔을 마시고 자는 것과 비슷한 효과를 내요.

점심에 마시는 식후 커피는 아무래도 우리의 취침 시간과 시간적으로 멀리 떨어져 있기 때문에, 밤이 될 때쯤이면 반감기가 충분히 떨어져 있어서 밤잠에 영향을 주지 않을 가능성이 높아요. 그러나 이런 부분도 마시는 커피의 양과 마시는 사람의 카페인 민감도에 따라서도 조금씩 차이가 날 수 있어요. 아침부터 피곤하다고 커피를 여러 잔 마시면, 아무래도 우리 몸에 남아 있는 반감기가 길어질 수밖에 없어서, 일찍 마셔도 밤까지 영향을 미칠 수 있다는 점도 기억해주세요.

## 왜 어떤 사람은 카페인에 유독 민감할까?

커피와 같이 카페인이 든 음료는 일반적으로 잠의 양과 질에 영향을 미쳐요. 카페인은 자는 시간을 45분 정도 줄이고, 자주 깨는 수면 분절sleep fragmentation과 같은 현상이 나타나게 만들어요. 그런데 이런 카페인에 대한 민감도는 개인 차이가 크다고 해요. 일반적인 사람들은 카페인의 반감기가 평균 5~6시간이지만, 2~10시간으로 개인 편차가 커요. 그 이유는 유전적인 원인이라고 밝혀졌어요.

카페인이 함유된 음료를 마시면 혈액에 카페인이 흡수되어요. 간에서 체내 카페인 대사를 담당하는 주요 효소인 시토크롬 P450는 CYP1A2 유전자에 의해 코딩되어 P-450 1A2가 되는데, 이것으로 카페인의 영향과 몸에 남아 있는 기간이 결정돼요. CYP1A2 유전자의 종류에 따라 카페인의 민감도는 달라질 수 있으며, 사람에 따라 40배나 차이가 날 수 있다고 합니다.[24]

## 커피를 마셔도 잘 잔다고 하는 사람들, 진짜 괜찮을까?

커피를 마셔도 끄떡없다는 사람도 간혹 있어요. 그러나 이런 분들이 잘 때의 뇌파기록을 분석해보면, 다른 이야기를 해주고 있어요. 연구들에 따르면, 밤에 커피를 마시고 잠을 자면 의식하지 못하는 선에서 수면 시간이 감소될 뿐만 아니라 깊이 잠들지 못하는 경우가 많았어요. 자기 직전에 커피를 마시면, 얕은 수면인 1단계 수면은 증가하고, 회복이 주로 일어나는 3단계와 4단계의 수면이 마지막으로 커피를 마신 시간과 양에 따라 20~40퍼센트 정도 감소할 수 있다고 해요.[25]

《우리는 왜 잠을 자야 할까》의 저자이자 수면 전문가인 매슈 워커에 따르면, 이 정도의 감소는 성인이 10~15년 정도

노화를 하면서 나타나는 변화라고 해요. 3~4단계에서 취하는 깊은 수면은 우리의 신체적 회복과 기억을 처리하는 중요한 역할을 한다고 생각할 때, 커피의 영향을 크게 받지 않는다고 하더라도 자는 동안 미세한 변화가 일어납니다. 밤에 마신 커피 한 잔으로 10~15세 정도 나이를 더 먹은 노인의 뇌를 안착하고 자는 것과 마찬가지이니, 젊게 오래 살고 싶으면 저녁 식사 이후의 에스프레소 한 잔의 유혹은 뿌리치는 게 좋아요.

## 커피를 현명하게 마시려면

최근 연구에 따르면, 잠을 자기 8.8시간 전에 커피를 마셔야 잠을 방해하지 않는다고 해요.[26] 그래도 홍차는 한 잔에 카페인 함량이 50밀리그램 정도라 자기 직전에 마셔도 잠드는 데 크게 지장이 없다고 하니, 홍차로 대체해보면 어떨까요? 여기서 권장하는 카페인의 기준은 약 107밀리그램 정도 된다고 합니다. 스타벅스 아메리카노 톨 사이즈가 355밀리리터에 150밀리그램 정도의 카페인을 함유하고 있다고 해요.

**음료의 카페인 함량**

|  | 음료 | 카페인 함량 |
|---|---|---|
| 커피 | 스타벅스 아메리카노 톨사이즈 | 150mg |
|  | 스타벅스 에스프레소 | 75mg |
|  | 스타벅스 디카페인 커피 톨사이즈 | 10mg |
| 차 | 자스민차 | 39.8mg/g |
|  | 홍차 | 38.3mg/g |
|  | 녹차 | 37.6mg/g |
|  | 우롱차 | 27.4mg/g |
| 에너지 음료 | 몬스터 에너지 오리지널 | 100mg/355ml |
|  | 박카스 | 병당 30mg |

커피만 잠을 방해한다는 잘못된 생각을 하는 분을 간혹 볼 수 있어요. 수면 클리닉에 찾아온 한 할머니는 뉴스에서 녹차가 건강에 좋다는 정보를 보고, 매일 1.5리터 페트병 두 개 분량의 녹차를 진하게 우려 물 대신에 마셨다고 해요. 녹차에 몸에 좋은 항산화 물질이 함유되어 있는 것은 사실이지만, 카페인도 들어 있기 때문에 아무리 몸에 좋아도 하루에 3리터씩 마시면 잠을 방해할 수밖에 없다는 점을 그 할머니는 모르셨던 것 같아요.

오늘도 습관처럼 일상에서 마시는 카페인 음료의 양과 종류에 조금 더 관심을 기울이는 것이 우리의 잠을 챙길 수 있는 하나의 방법이에요. 완전히 피할 필요는 없지만, 잠과 관련된 음료를 선택할 때는 현명한 의사결정을 할 수 있어야 합니다.[27]

## 베개맡 상담소

**Q 잠이 안 올 때 술이 도움이 되나요?**

**A** 귀갓길에 편의점에 들러, 자기 전에 술 한두 잔을 마셔야 잠을 잘 수 있다는 분들을 종종 만나요. 술이 잠을 자는 데 도움이 되냐는 질문의 답은 반은 맞고, 반은 틀려요.

알코올은 진정제이기 때문에 입면 상태로 들어가는 데 도움이 되는 부분이 있어요. 그래서 술에 의존해서 잠을 자는 사람들은, 잠을 빨리 들게 하는 것 때문에 술이 자는 데 도움이 된다고 생각할 수 있어요.

술을 마시고 잠을 자면, 하룻밤 사이에 우리의 수면에 미치는 영향이 조금씩 달라집니다. 잠을 자는 초반에는 도움이 될 수 있겠지만, 시간이 지나면서 알코올이 대사되고 몸에서 빠져나가는 과정에서 수면을 점점 방해하게 됩니다. 이것을 '리바운드 효과 rebound effect'라고 하는데, 알코올이 초반에 잠을 자는 데 도움을 줬던 효과와는 반대되는 효과가 나타난다는 것을 의미해요. 즉 혈중에 알코올이 있을 때 잠을 푹 재워줬다면, 술이 몸을 빠져나가면서 오히려 술을 깨우게 된다는 이야기예요.

알코올 대사는 시간당 혈중 알코올 농도Blood Alcohol Content가

0.01~0.02퍼센트 감소하며 이루어져요. 우리나라의 음주운전 기준인 혈중 알코올 농도 0.08퍼센트를 기준으로 술을 마셨다고 가정한다면, 알코올 대사는 잠들고 나서 4~5시간 정도 걸리게 되어요. 그렇다면 잠을 자고 나서 4~5시간가량의 시간이 지나면 알코올의 진정 효과는 끝나고 오히려 반동으로 잠을 깨우는 효과가 나타납니다.

특히 술을 마시고 잠이 들면 '회복 수면'이라고 불리는 3~4단계의 깊은 수면이 증가하지만, 알코올이 대사되면서 오히려 1단계의 얕은 수면 단계에 보내는 시간이 늘어나고 자주 깨게 되며, 분절된 수면과 질이 낮은 수면을 경험하게 됩니다.[28] 연구에 따르면, 자기 전에 술을 한두 잔만 마셔도 수면의 질이 9.3퍼센트 감소한다고 해요.

그뿐만 아니라 폐쇄성 수면무호흡증과 같이 자다가 코를 골며 무호흡이 발생하는 수면장애는 술을 마시면 더 심해져요. 그래서 술을 마시면 코를 유독 더 심하게 곤다고 보고하는 분이 많은데, 알코올은 수면무호흡증을 악화할 수 있어요.

이런 폐쇄성 수면무호흡증이 있는 분들은 술을 마시지 않았을 때는 무호흡이 일어나면 몸이 일부러라도 잠을 깨워 숨을 쉴 수 있게 노력하는데, 술을 마시게 되면 오히려 잠에서 깨는 것이 더 어려워지기 때문에 몸이 숨을 쉬기 위한 노력을 덜 열심히 하게 됩니다. 따라서 폐쇄성 수면 무호흡증이 있는 분들이 술을 자주 마신다면 오랜 시간에 걸쳐 신체 건강에도 해악이 될 수 있어요.

요약하자면, 술을 마시면 잠드는 데 도움이 될 수 있겠지만, 큰 그

림에서 봤을 때는 오히려 수면을 분절하고 수면의 질을 떨어뜨리기 때문에 수면학자들은 추천하지 않아요. 술을 꼭 마셔야 한다면 자기 세 시간 전에 음주를 모두 마쳐야 해요.

## Q  수면 관련 유튜브가 숙면에 도움이 될까요?

**A**  잠이 안 오면 유튜브를 켜고 잘 잘 수 있는 노하우를 찾고 싶은 유혹을 받을 수 있어요. 성인의 60퍼센트 이상이 건강 문제를 해결하기 위해 유튜브를 활용해 정보를 찾는다고 해요. 그러나 유튜브에는 도움이 되는 정보도 많지만 제품을 팔거나 조회 수를 올리려고 공유되는 잘못된 영상도 많아요.

한 연구에서는 '잠을 잘 자는 법', '불면증 극복 방법'에 대해 비전문가가 만든 영상과 수면 전문가가 만든 영상을 각각 가장 조회 수가 높은 영상 순서대로 다섯 개씩을 선정했어요. 비전문가가 만든 인기 영상의 평균 조회 수는 820만 회인 반면, 수면 전문가들이 만든 수면교육 영상은 평균 조회 수가 30만 회에 그쳤다고 해요.

비전문가의 영상이 조회 수는 더 높았지만, 제품을 팔기 위해 왜곡되고 편향된 정보의 비율이 그중 66.7퍼센트였고, 수면 전문가들이 촬영한 영상은 이런 편향이 0퍼센트라고 보고되었어요. 즉 유튜브에서 인기 있는 수면 관련 영상 중에는 잘못된 정보가 담겨 있을 가능성이 있어요.[29] 그러니 전문가의 믿을 수 있는 정보를 잘 선별해서 보세요.

행동만큼이나 더 중요한,
눈에 보이지 않는 요소가 하나 더 있어요.
그것은 바로 '생각'이에요.
우리가 잠에 대해 가지고 있는
생각만 바꿔도
잠을 자는 것이 훨씬 수월해집니다.

# 3

## 스르르 잠을 부르는
## 마음 훈련

# 매일 밤 시험을 치는 것 같아요

주변에서 가장 잠을 잘 자는 사람을 한번 떠올려보세요. 그 사람에게 "당신은 잠을 잘 자기 위해 무슨 노력을 하나요?"라고 질문하면 그 사람은 아마도 깊이 고민하지 않고 "아무 노력도 하지 않는데요"라고 대답할 거예요. 맞아요. 잠을 잘 자는 사람들은 잠을 잘 자려고 별다른 노력을 하지 않아요. 그들이 잠을 대하는 자세는 지극히 수동적이고 당연한 거예요. 참 불공평하지요? 잠을 잘 자기 위해 무던히 애를 쓰는 당신의 입장에서는 억울하다고 느낄 만해요.

그런데 잘 생각해보세요. 당신도 한때는 잠을 잘 잘 때가 있었어요. 아주 오래전이라 기억이 가물가물할 수도 있었지만, 잠을 못 자기 시작했을 때 예전엔 어떻게 잘 잤는지 모르는 것은 어쩌면 당연할지도 몰라요. 그리고 여기서 우리가 잠을 잘 잘 수 있는 해결의 실마리를 찾아볼 수 있어요.


## 잠에 대해서 지나치게 생각하고
## 노력하게 되면


잠을 잘 자는 사람은 구불구불한 시골의 좁은 길을 별다른 주의를 기울이지 않고 수월하게 운전하는 사람이라면, 잠을 못 자는 사람은 대로변에서 운전을 해도 처음으로 운전을 배우는 것처럼 불안하게 운전하는 사람과 같아요. 경계하고, 운전 핸들의 움직임 하나하나에 두려워하며, 서툴러서 실수할까 봐 두려움에 떨고 있어요.

잘 잘 때는 평소에 무의식의 영역에서 자연스러운 과정을 거쳐 잠들지만, 자는 것이 어려워진 지금은 잠을 매일 밤 의식하고 하루하루 잠을 못 잘까 봐 걱정하며 집착하게 되면서 잠의 문제가 시작되곤 합니다. 옥스퍼드 대학교 교수 콜린 에스피Colin Espie는 이 과정을 주의-의도-노력Attention-Intention-Effort의 과정이라고 이름을 붙였어요.

잠이 무의식적이고 자동적인 영역에서 의식적인 영역으로 넘어오게 되는 첫 단계는 잠에 대한 생각이 늘어나면서 시작되어요. 잠을 못 자는 사람들은 하루의 많은 시간을 잠을 생각하며 보내요. 내 주변의 다른 것은 잘 보이지 않고 잠에 대한 것에만 신경을 쓰게 됩니다. 이것을 전문적인 심리학적 용어로 '주의 편향attentional bias'이라고 해요. 잠만 생각한다면, 주변에 아름다운 것이 아무리 많아도 잠을 잘 자게 해준다는 제품 광고만 눈에 들어오고, 잠을 잘 자고 싶다는 생각으로 온 세상이 도배됩니다. 나의 다채롭고 복잡한 일상은 잠이라는 좁은 세계로 제한되는 겁니다.

미국 수면학회에서 발행하는 《수면장애의 국제 분류 제3판International Classification of Sleep Disorders 3rd edition》에는 불면 장애에 대한 진단 기준으로 이와 같은 내용이 나와요. "여러 달과 해에 걸쳐 잠에 대한 걱정이 천천히 진행되며, 점점 잠을 못 자게 되면서 하룻밤 잠을 잘 자고 싶은 욕구가 그 사람의 주요 관심사가 된다."

이와 관련된 한 흥미로운 연구에서는, 잠을 못 자는 사람 21명에게 3일 동안 자기 전에 드는 생각을 모두 큰 소리로 말해보라고 하고, 그 생각을 모두 녹음한 뒤 기록했어요. 그 내용을 분석해보니 생각의 종류가 1천 개도 넘었는데, 그 생각들은 다음 세 가지 주제로 크게 나눌 수 있었습니다. 능동적인 문제 해결(예: 미래의 일을 계획하고, 앞으로 있을 일에 대해 미리 시나리오를 그려보는 것), 현재 상태 모니터링하기(예: 잠에 대해 생각하기, 잠을 못 자는 이유에 대해 생각하기, 생각이 많다는 것에 대해 자책하기), 환경에 대한 반응(예: 외부 소리 때문에 잠을 못 자기)로 분류했어요. 이 중에서도 현재 상태를 모니터링하며 자기 전에 잠에 대해 계속 생각하는 사람들이 잠을 자는 데 가장 오래 걸렸어요. 이렇게 머릿속이 잠에 대한 간절한 생각으로 가득 차게 되면, "잘 때 뇌를 꺼내놓고 자고 싶어요"라고 호소하기도 해요.

잠에 대한 집착이 늘고 생각이 많아지면, 이전에는 별생각 없이 행하던 잠과 관련된 행동을 이제는 의도를 가지고 하게 됩니다. 졸릴 때 자연스럽게 불을 끄고 침대에 눕는 것이 아니라, 잠을 못 잘 것에 대한 예기 불안으로 인해 잠을 자려는 목적으로 행동하기 시작해요.

잠에 대해 지나치게 생각하고 의도를 가지면 잠은 스스로 관찰하고, 분석하고, 수행을 해야 하는 행위로 변질되기 때문에 꼭 시험처럼 느껴질 수 있어요. 예를 들어, 잠을 억지로 자려고 애를 쓰거나, 편안한 자세를 찾으려고 여러 번 뒤척거리거나, 잠이 안 와도 가만히 눈만 감고 누워 있으면서 자는 것을 포기하지 못하는 행동, 잠을 잘 자기 위해 쓰러질 때까지 격렬한 운동을 하는 행동 등이 잠을 자기 위한 노력에 해당해요. 이처럼 잠을 자기 위해 하는 노력이 모두 역설적으로 잠을 방해하기 때문에, 결국 '나는 잠을 잘 잘 수 없는 사람이야'라는 생각이 더 강하게 들게 하면서 잠을 잘 수 있다는 효능감과 자신감을 떨어뜨려요.

　잠에 대한 의도가 짙은 분들을 위해 '역설적 의도paradoxical intention'라는 방법을 추천하고 있어요. 오히려 잠들려고 애쓰는 것보다 수동적으로 깨어 있기를 다음과 같은 방법으로 시도해보세요.

### 잠을 부르는 '깨어 있기' 방법

1. 침대에 편안한 자세로 누운 뒤 불을 끄세요.
2. 어두운 방에서 눈을 뜨고, '조금 더 오래' 눈을 뜰 수 있게 노력하세요. '조금 더 오래'라는 문구를 계속 기억해주세요.
3. 시간이 지나면서, 편안한 상태로 계속 깨어 있다는 점을 스스로 칭찬해주세요.
4. 잠을 자려고 애쓰지 않고, 잠이 당신을 덮칠 때까지 잠을 자지 않기 위해 부드럽게 저항하려고 해보세요.
5. 최대한 오래 이렇게 노력해보세요. 만약 깨어 있는 것이 걱정되기 시작했다면, 깨어 있는 것이 목표이기 때문에 오히려 지금 성공하고 있다는 것을 기억해주세요.
6. 잠든 자신을 깨우면서까지 잠을 억지로 안 자려고 애쓸 필요

는 없어요. 잘 자는 사람처럼 행동해보세요. 잠을 쫓는 대신 잠이 당신을 쫓게 하세요.

당신이 무대에 서 있다고 생각해보세요. 누군가 당신의 머리에 총을 겨누며, '지금 당장 잠을 자지 않으면 큰일 날 줄 알아!'라고 협박한다고 해서 잠들 수 있을까요? 지금 당신이 잠을 자기 위해 하는 모든 노력이 오히려 당신이 잠들지 못하게 압박하고 있을 수 있어요.

이제는 무대에서 내려오세요. 총을 머리에 겨누고 있는 사람은 지금 당신 외에는 아무도 없습니다. 청중석에 앉지도 말고 그 무대와 극장에서 퇴장해주세요. 그리고 관심을 꺼보세요. 당신은 당장 오늘이라도 기적처럼 잠을 잘 잘 수 있다면, 당신은 무엇을 하고 싶고, 어떤 인생을 살고 싶으세요? 당장 피곤해서 마음이 내키지 않더라도, 마치 잠을 정말 잘 자는 사람처럼 잠에 대해 관심을 끄고 억지로라도 그곳을 향해 발걸음을 한 발씩 움직여보세요. 놀랍게도 당신이 도착한 곳은 잠 걱정이 없는 곳일지도 몰라요.

《죽음의 수용소에서》의 저자이자 유명한 정신건강의학과 의사인 빅토르 프랑클은 잠에 대해 다음과 같이 이야기했어요. "잠은 당신의 손 위에 살포시 앉은 흰 비둘기와 같아요. 비둘기는 관심을 가지지 않는 동안에는 손 위에 얌전히 앉아 있어요. 그런데 잡으려고 하는 순간에 빠르게 날아가 버립니다."[30] 이와 같이 오늘 밤을 수험생의 마인드에서 벗어나, 시험 성적이 꼴찌여도 된다는 마음으로 임해보세요.

# 수면은 종착지가
# 있는 것이 아니에요

2022년 11월, 박사학위를 딴 지 10여 년 만에 오하이오 주립대학교에 다시 방문할 일이 있었어요. 유학 시절의 대부분인 7년이라는 시간을 보낸 학교의 교정을 걷고 있는데, 새삼 '이곳의 가을이 이렇게 아름다웠나?'라는 생각이 들었습니다. 노랗게 물든 단풍, 고풍스러운 건물들, 분주하게 수업을 들으러 가는 젊은 학생들을 한참 쳐다보며 속도를 천천히 늦추며 걸었습니다. 제 기억 속 어디에도 이곳의 가을은 없었고, 늘 다음 시험, 다음 발표와 다음 관문을 향해 가는 바쁜 기억밖에 없었거든요. 어쩌면 인생의 다음 관문을 향해 가느라 그 순간의 소중한 모습을 모두 놓쳤을지도 모른다는 아쉬움이 밀려왔어요. 한국 사회에서 사는 사람이라면 누구든 인생의 다음 단계로 나아가야 한다는 조급함을 한 번쯤은 느껴

보았을 거라고 생각해요. 어딘가 모를 종착지를 향해서.

잠을 못 자는 분들도 비슷한 마음가짐이 아닐까 합니다. 한 중년 남자가 최근 3개월 동안 잠을 못 자서 힘들다며 찾아왔어요. 이분은 직장에서 업무 스트레스가 가중되면서 불면증이 시작되었고, 그 후 잠을 자기 위해 온갖 노력을 하기 시작했어요. 처음에는 외부 소음으로 인한 문제라고 생각해 이어폰을 끼고 자기 시작했어요. 그래도 개선이 안 되니, 이번엔 아내와 각방을 쓰기 시작했어요. 그런데 각방을 써도 잠을 푹 못 잔다고 느껴, 이번엔 바닥에서 자기 시작했어요. 좋아하던 커피도 끊고, 친구들과의 저녁 약속도 줄이고, 평소보다 운동량도 늘렸어요.

이분에게는 잠을 못 자는 것이 특별히 괴로운 이유가 있었어요. 최근 아내가 첫아이를 출산했는데, 잠을 못 자다 보니 육아에 전혀 참여하지 못하고 있었어요. 그리고 불면증이 시작되기 전에는 자기 전에 아내와 이불 속에서 꽁냥거리며 이야기하는 것을 좋아하는 애처가였는데, 이제는 아내와 함께 한 침대에서 잠도 못 잔다고 한탄했어요. 자기가 좋은 아빠가 되고 좋은 남편이 되려면 꼭 잠자는 문제를 해결해야만 한다며 간절한 눈빛으로 저에게 도움을 요청했어요.

이 내담자는 스스로 만든 좋은 아빠라는 종착지에 도착하고 싶은데, 불면증이라는 방해물이 나타났다고 느끼는 것 같았어요. 그래서 기를 쓰고 불면증이라는 불청객 같은 혹을 자기의 몸에서 도려내려고 안간힘을 쓰고 있었어요. 그것을 해야만 좋은 아빠가 될 수 있다는 믿음이 강했어요. 그 과정에서 그는 첫아이가 태어나 아빠로 누릴 수 있는 새로운 감정과 경험에 집중하지 못하고 있었고, 잠을 잘 자는 것에만 집착하며 자기의 인생에서 중요하다고 생각하는 많은 것을 뒷전으로 미루고 있었어요.

하지만 잠이라는 것은 고행과 노력의 끝에 도달해야 하는 열반 같은 것도 아니고, 불면증이 생긴 것은 결국 자신의 한 부분이기 때문에 쉽게 떨칠 수 있는 것도 아닙니다. 저는 내담자가 이 사실을 알아차리지 못하고 있다는 생각이 들었어요.

노스웨스턴 대학교 교수 제이슨 옹Jason Ong이 개발한 '불면증을 위한 마음챙김 기반 치료Mindfulness-based Therapy for Insomnia'에서는 마음챙김mindfulness라는 개념을 기존 치료에 접목하고 있어요. 마음챙김은 불교 명상에 기원을 두고 있기는 하지만, 서양 의학에서 도입하면서 하나의 명상훈련처럼 발전했어요.

우울이나 불안과 같이 심리적인 어려움을 경험하는 경우에는 흔히 생각이 현재에 머물러 있지 않고, 과거나 미래에 머물러 있는 시간이 많아요. 그래서 현실에 충실하지 못하게 됩니다. 마음챙김 명상은 다양한 명상을 통해 현재에 내 생각이 머물 수 있게 훈련하는 방법으로, 현재는 많은 연구 근거에 기반하여 다양한 심리적 문제에 활용되고 있어요.

## 불면증을 치료하는 세 가지 마음챙김 자세

불면증을 치료하기 위한 마음챙김 기반 치료는 중요한 마음챙김 자세 일곱 가지를 강조해요. 그중 제가 내담자를 만날 때 자주 언급하는 마음챙김 자세는 세 가지예요. 바로 '애쓰지 않기', '수용', '인내심'이에요.

### 1. 애쓰지 않기

애쓰지 않기nonstriving는 수면이 자연스러운 생리적 과정이기 때문에 자연스럽게 이루어지도록 힘을 빼는 마음가짐이에요. 불면증 환자들은 잠을 못 자는 것이 몹시 고통스럽기 때문에 마음이 조급해질 수 있어요. 우리는 살면서 문제가 있으면 해결하라고 배우잖아요. 그래서 잠을 못 자는 문제를 해결하려고 하는 마음에서 위 내담자처럼 여러 가지 시도를 해볼 수 있어요.

그런데 살면서 해결하려고 노력할수록 해결이 더 어려워지는 문제가 있어요. 그중 한 가지가 잠이에요. 많은 사람들

앞에서 발표를 해야 할 때 말을 더듬지 않으려고 노력할수
록 말이 더 꼬이는 것과 비슷한 이치라고 생각하면 됩니다.

여기서 문제에 대한 해결책은 결국 너무 애쓰지 않는다는
거예요. 특히 자기 전에 잠에 대한 불안이 높아진다고 보고
하는 분들은, 자기 전에 애쓰지 않기를 실천해볼 수 있어요.
잠을 예열하는 과정에서, 잠을 자기 위한 행동이 아닌, 목표
가 없는 편안한 활동들을 선택해보세요. 애쓰지 않고 그 활
동들을 즐기다 보면, 스르르 잠이 찾아오게 될 것이라고 믿
어보세요.


## 2. 수용하기

마음챙김 자세 중 수용acceptance은 포기하는 것과는 달라
요. 잠을 못 자는 것을 못 견뎌 쫓아내려고 하지 말고, 그것
이 나의 일부가 되었다는 것을 인정하고 나면 여유가 생겨
다음에 무엇을 해야 하는지 알 수 있습니다. 우리 마음의 자
원은 한정되어 있기 때문에, 변화가 있기 위해서는 먼저 그
문제가 존재한다는 것을 수용하는 과정이 중요해요.

예를 들어, 어떤 방에 걸어 들어갔는데, 인테리어가 너무
촌스럽고 마음에 들지 않았다고 가정해보세요. 인테리어에
대한 불평과 불만을 토로하느라 많은 에너지를 쓰다 보면,
그 공간을 본인의 취향에 맞게 아름답게 꾸밀 수 있다는 사

실을 간과하게 될 수 있어요. 결국, 잠이 불만족스러운 현주소에 너무 몰두하다 보면, 정작 수면에 대해 배우고 좋은 습관들을 실천하는 데 써야 할 에너지가 소진될 수 있어요.

### 3. 인내하기

인내심patience은 잠을 잘 자려고 시도하는 변화가 하룻밤에 원하는 만큼 이루어지지 않을 수 있다는 의미에서 실천하면 좋은 자세예요. 이 세상에 잠을 한숨도 안 자는 사람은 아무도 없어요. 뉴턴의 중력의 법칙처럼 우리 몸은 때가 되면 필연적으로 자고 싶어 하기 때문에 조급하게 생각하지 않아도 잠이 온다는 믿음을 가지면 좋겠어요.

위 내담자에게 마음챙김의 가장 중요한 핵심은 나의 가치에 부합하는 삶을 사는 것이라고 알려줬어요. 내담자에게 현재 가장 중요한 가치는 행복한 가정을 만드는 것이었어요. 잠을 자는 것은 수단일 뿐이라는 사실을 아는 것이 중요했어요. 잠 때문에 행복한 가정을 만드는 것이 어렵다는 생각은 접어두고, 잠을 하루나 이틀 잘 못 자더라도, 거기에 일희일비 반응하지 말고 행복한 가정을 지킬 수 있다는 믿음과 편안함을 가지도록 했습니다.

내담자도 시간이 지나며 잠자는 문제를 조금 편안하게 생

각할 수 있었고, 갓 태어난 예쁜 아이와 시간을 보내며 아내
와 관계를 회복하고 잠 문제도 서서히 해결되었어요. 지금
인생의 다음 관문에 도착하기 위해 달리다가 잠에 문제가
생겼다면, 잠깐 애쓰지 말아보세요. 주위를 둘러보고 내가
무엇 때문에 달리고 있는지, 나에게 중요한 가치가 무엇인지
한번 숙고해보세요. 의외로 당신은 이미 원하는 지점에 어느
정도 와 있을지도 몰라요.

# 생각만 바꿔도
# 잠이 온다

너무 졸려서 '오늘은 무슨 일이 있어도 잘 수 있겠구나!' 하며 자신감에 차서 침대에 누워 스르르 잠들 무렵, 갑자기 머릿속을 침투하는 부정적인 생각이 곰팡이처럼 피어나 내 머리를 점령하는 바람에 순식간에 잠이 달아난 경험이 있나요? 잘 알려진 잠을 잘 자는 꿀팁들은 주로 어떻게 행동을 개선해야 하는지에 더 초점을 맞추고 있어요. 예를 들어, "너무 오래 누워 있지 마세요", "아침에 햇볕을 쬐세요"와 같은 지침이 있어요. 그러나 행동만큼이나 더 중요한, 눈에 보이지 않는 요소가 하나 더 있어요. 그것은 바로 '생각'이에요. 우리가 잠에 대해 가지고 있는 생각만 바꿔도 잠을 자는 것이 훨씬 수월해집니다. 이제 잠을 방해하는 세 가지 생각 유형을 이야기해볼게요.

# 잠을 방해하는 세 가지 생각 유형

### 1. 수면 부족으로 인한 후폭풍 걱정

머리맡에 시계를 두고 주무시나요? 잠들기가 어려워 침대에서 뒤척이고 있을 때 중간중간 시간을 확인하시나요? 시계를 본 순간, 어떤 생각이 머릿속을 스쳐 지나가나요? 보통 이런 분들은 '잘 시간이 이제 얼마 안 남았네'와 같이, 스스로 거대한 모래시계가 되어 지나가는 1초, 2초를 아까워하게 되어요. '다섯 시간밖에 못 잤는데, 내일 업무 처리를 하다 꼭 실수할 것 같아'와 같은 생각을 하며 다음 날의 일정을 걱정해요. 잠을 반드시 자야 다음 날의 일정을 순조롭게 소화할 수 있을 것 같은 불안감에 더 열심히 자려고 노력하고, 더 불안해지고, 잠은 더 달아나는 악순환이 반복됩니다.

다음 날의 수행에 대해 걱정하는 점은 대부분 잠과 다음 날의 수행이 일대일 관계라는 굳은 믿음이 있기 때문에 더 불안해지는 경우가 많아요. 그러나 아마 기억을 되짚어보면, 잠을 잘 잔 날에도 다음 날의 수행이 좋지 않았던 예외의 날도 있었을 것이고, 잠을 못 잔 날에도 비교적 하루를 수월하고 즐겁게 보낸 날도 있었을 거예요.

물론 잠을 못 자는 것이 다음 날 우리를 더 졸리고 피곤하게 하긴 하지만, 우리의 몸은 탄력적이기 때문에 하룻밤 못 잔다고 갑자기 기능이 확 떨어지지는 않습니다. 그리고 다음 날의 컨디션에 잠 외에도 영향을 미치는 요인이 무척이나 많아요. 예를 들어 물을 충분히 마시지 않았거나, 우울증, 지겨움, 눈의 피로, 변비, 빈혈, 염증, 식곤증 등 많은 요인이 다음 날 우리의 컨디션에 영향을 미칩니다. 그리고 잠은 그 영향을 미치는 것 중 하나일 뿐입니다.

### 2. 불면에 대한 파국적인 생각

잠들기가 어려울 때 사람들은 잠을 못 자는 것에 대해 의미를 부여하게 됩니다. 이때 별다른 의미를 부여하지 않고 운이 좋지 않았던 것으로 치부하는 사람이 있는가 하면, 평소 사소한 일을 파국적으로 해석하는 경향이 있는 사람은 그 안에서 더 큰 의미를 찾으려고 할 수 있어요. 예를 들어, '잠까지 못 잔다니 내 인생의 통제력을 이제 완전히 상실했어' 혹은 '지금 온몸에 적신호가 켜졌다는 거야! 불치병이라도 걸린 것 아니야?'와 같은 생각을 해요. 보통 이런 파국적인 생각은 '모두', '전부', '절대', '완전히'와 같은 세상을 좋고 나쁨으로 정확하게 나누는 언어 선택을 포함하고 있어요. '하루를 완전히 망쳤어', '잠을 절대 다시 예전처럼 잘 수 없을 거야'와 같은 말은 보통 이런 생각을 자주 하는 분들에게 흔하게 듣는 말이에요.

세상을 살아가며 정확하게 좋고 나쁨, 흑과 백으로 나눌 수 있는 것이 몇이나 될까요? 심리학에서는 이렇게 모든 것을 좋고 나쁨으로 분류하는 경직된 생각 패턴을 '이분법적 사고'라고 해요. 잠뿐만 아니라 일반적으로도 이분법적 사고를 자주 하게 되면, 그런 사고방식에 정확하게 들어맞지 않을 때에는 더 큰 스트레스를 받게 됩니다.

이분법적 사고에서 멀어지는 방법의 첫 단계는 내가 이분법적 사고를 자주 하고 있다는 것을 알아차리며 인식하는 것입니다. 그 다음, 나의 흑백 사고방식에 잘 들어맞지 않는 예외사항을 부지런히 찾아보세요. 잠을 못 잔 것이 인생의 통제력을 완전히 잃은 것으로 해석된다면, 삶의 통제력이 남아 있는 예외의 요소를 찾아보려고 노력하세요. 하찮은 것이어도 괜찮습니다. 그런 요소를 나열하다 보면, 세상은 그렇게 단순하며 일차원적이지 않고, 나의 수면도 완벽하지 않아도 된다는 안도감이 들 수 있어요. 하룻밤 못 잔 것은 당신이 100년을 산다면 3만 6,500일 중 하나일 뿐이니까요.

마지막으로 스스로에게 질문해보세요. "나의 가장 사랑하는 식구나 친구가 잠을 못 잔 것에 대해 이렇게 이야기한다면, 나는 무슨 말을 해줄까?" 아마 조금 더 관대한 마음으로 대답할 수 있을 거예요. 자, 사랑하는 식구나 친구보다 조금 더 사랑하는 자기 자신에게 똑같은 위로의 말을 전해보세요.

그러면 잠을 못 자는 것에 대해 느꼈던 파국적인 생각이 조금은 누그러질 것입니다.

### 3. 수면 원리에 반대되는 생각

당신이 잠을 못 잘 때, 잠을 더 잘 자기 위해 생각해낸 책략이 오히려 수면을 방해할 수 있어요. 많은 사람이 잠을 자지 못할 때 '침대에 더 오래 누워 있다 보면 언젠가는 잠이 올 거야', '운동을 지칠 때까지 하게 되면 잠이 올 거야', '자기 전에 맥주 한 잔 마시면 잘 수 있어'와 같은 생각을 주로 합니다. 그러나 잠이 부족한 문제를 해결하고자 하는 방법 중에는 수면과학의 원리에 오히려 반대되는 것이 있어서 이런 생각을 하면 오히려 잠자는 것을 방해할 수 있어요.

예를 들어, 잠을 못 자는 분들은 침대에 오래 누워 있는 경향이 있어요. 잠을 잘 수 있는 기회가 충분히 주어지면, 잠도 자연스럽게 늘어날 것이라고 생각해요. 이것이 논리적으로 보일 수 있겠지만, 침대는 깨어 있는 상태로 오래 누워 있을수록 뇌는 침대를 자는 곳으로 더는 인식하지 못하고, 깨서 잡념으로 시간을 보내고 스트레스를 받는 곳으로 인지해요. 그리고 앞 장에서도 강조했지만, 잠은 양보다는 질이 더 중요합니다. 잠을 정말 잘 자는 사람에게도 불면증을 겪게 하는 방법이 있는데, 여덟 시간 정도 잠을 잘 자는 사람에게 그보다 더 오래 침대에 누워 있게 하는 거예요. 자기가 필요한 시간보다 침대에 더 오래 누워 있다 보면, 잠은 가는 국수 가락처럼 늘어지고 끊어져서 중간에 자는 둥 마는 둥 얕게 자거나 깨는 구간이 생깁니다.

## 잠에 대한 올바른 생각을 하기 위한 방법

잠에 대한 올바른 생각을 정립하려면 노력이 뒤따라야 합니다. 우선, 내가 수면에 대해 어떤 기대를 가지고 있는지 점검해보세요. 혹시 너무 비현실적으로 자는 것을 기대하고 있지는 않았나요? 내 인생의 완벽주의적인 기준을 잠에도 적용하고 있지는 않나요? 매일 밤, 똑같은 방식으로 정확하게 여덟 시간을 자야 한다고 생각하는 것은 아닌지요? 당신이 잠에 대해 가지고 있는 기대가 과연 현실적인지 생각해보세요.

그 다음, 당신의 인생에서 불만족스러운 부분들을 모두 불면증에 귀인하여 잠을 자야 하는 압박감을 너무 높인 것은 아닌지 되돌아보세요. 잠과 다음 날의 수행은 정확한 일대일 관계를 이루고 있지 않으므로 잠 탓을 멈추세요. 잠 말고도 당신의 컨디션에 영향을 미치는 요인은 많습니다. 그것을 생각하다 보면 잠을 반드시 잘 자야 한다는 압박감에서 벗어날 수 있을 것입니다.

하룻밤 못 자는 것에 대해 너무 크게 의미를 두지 않길 바랍니다. 하룻밤 못 잔다고 큰일이 나지 않습니다. 처음 연애를 시작할 때를 생각해보세요. 잠을 줄여가면서 연애할 때, 잠은 부족해도 오히려 마음이 즐겁지 않았나요? 우리의 몸은 탄력적이고 놀라운 보호 기능을 갖추고 있으니 잠이 부족한 것에 대한 인내심을 조금씩 늘려보세요. 마지막으로 잠을 자려고 너무 애쓰지 않았으면 좋겠어요. 잠을 찾지 않고 조급해하지 않을 때, 잠이 스스로 당신을 찾아올 것입니다.

## 걱정이 많아 잠 못 이룰 때

잠을 자려고 누웠는데 지나치게 잡념이 많아 생각의 꼬리를 끊지 못하고 뒤척거리며 잠을 이루지 못하는 분들에게 '계획된 걱정 시행 방법'을 추천해요. 특히 타고나기를 온갖 걱정을 끌어안고 사는 분들을 상담할 때에도 추천하는 방법이에요. 걱정과 잡념을 하는 시간과 장소를 미리 정해, 그 시간과 장소에 국한해서 걱정하도록 합니다. 만약 이런 시간을 의도적으로 가지지 않는다면, 자려고 누웠을 때 이런 생각들이 계속 침투해서 잠을 방해할 수 있기 때문이에요.

**계획된 걱정 시행 방법**

1. 잠자리에 들기 4~5시간 전에 아무런 방해도 받지 않을 곳에서 노트와 펜을 준비합니다. 단, 침대가 아닌 곳으로 선택해야 합니다.

2. 하루 동안 일어난 일을 생각해봅니다. 어떤 일이 있었고, 어떤 감정을 느꼈는지 떠올려봅니다.

3. 떠오른 고민이나 걱정거리를 종이에 적습니다.

4. 그중 내가 통제할 수 있는 일과 통제할 수 없는 일을 나누어봅니다.

5. 통제할 수 있는 일은 대처 방안을 생각해보고, 통제할 수 없는 일에 대한 걱정은 흘려보냅니다.

6. 하루를 정리한다는 생각으로 마음을 20분간 가라앉힙니다.

7. 잠자리까지 이러한 걱정이 이어진다면, 그 걱정은 이미 다루어진 것임을 생각합니다.

8. 만약 잠자리에서 새로운 생각이 떠오른다면, 침대 옆에 있는 종이에 적고 다음 날 아침까지 생각을 접어둡니다.

수면에 대한 역기능적 신념 및 태도 척도Dysfunctional Beliefs and Attitudes about Sleep: DBAS-16를 알아보는 질문지입니다. 아래 제시된 내용은 사람들이 수면에 대해 갖고 있는 생각과 태도를 적은 것입니다. 각각의 문장에 얼마나 동의하는지 혹은 동의하지 않는지를 표시해주십시오. 정답은 없습니다. 당신이 갖고 있는 개인적인 생각의 정도를 숫자에 동그라미로 표시해주십시오. 당신의 상황과 직접적으로 맞지 않더라도 모든 문항에 답해주시기 바랍니다.

| 전혀 동의하지 않는다 | | | | | | | | | | 매우 동의한다 |
|---|---|---|---|---|---|---|---|---|---|---|
| 0 | 1 | 2 | 3 | 4 | 5 | 6 | 7 | 8 | 9 | 10 |

1. 낮에 기운을 차리고, 일을 잘하려면 8시간은 자야 한다.

| 0 | 1 | 2 | 3 | 4 | 5 | 6 | 7 | 8 | 9 | 10 |
|---|---|---|---|---|---|---|---|---|---|---|

2. 전날 잠을 충분히 못 자면, 다음 날 낮잠을 자거나 잠을 좀 더 오래 자서 보충해야 한다.

| 0 | 1 | 2 | 3 | 4 | 5 | 6 | 7 | 8 | 9 | 10 |
|---|---|---|---|---|---|---|---|---|---|---|

3. 만성 불면증이 내 건강에 심각한 영향을 미칠지도 모른다는 염려를 한다.

| 0 | 1 | 2 | 3 | 4 | 5 | 6 | 7 | 8 | 9 | 10 |
|---|---|---|---|---|---|---|---|---|---|----|

4. 잠을 잘 조절할 수 있는 능력을 잃을지 모른다는 걱정을 한다.

| 0 | 1 | 2 | 3 | 4 | 5 | 6 | 7 | 8 | 9 | 10 |
|---|---|---|---|---|---|---|---|---|---|----|

5. 밤에 잠을 잘 못 자면 다음 날 일상 활동을 하는 데 지장을 준다고 알고 있다.

| 0 | 1 | 2 | 3 | 4 | 5 | 6 | 7 | 8 | 9 | 10 |
|---|---|---|---|---|---|---|---|---|---|----|

6. 낮 동안 맑은 정신으로 일을 잘하기 위해서는, 밤에 잠을 못 자느니 수면제를 먹는 것이 더 낫다고 생각한다.

| 0 | 1 | 2 | 3 | 4 | 5 | 6 | 7 | 8 | 9 | 10 |
|---|---|---|---|---|---|---|---|---|---|----|

7. 낮에 짜증 나고 우울하거나 불안하게 느낀다면, 그건 대개 전날 밤에 잠을 잘 못 잤기 때문이다.

| 0 | 1 | 2 | 3 | 4 | 5 | 6 | 7 | 8 | 9 | 10 |
|---|---|---|---|---|---|---|---|---|---|----|

8. 낮에 피곤하고, 기력이 없거나 기능을 잘 못한다고 느낄 때는, 보통 그 전날 밤에 잠을 잘 자지 못했기 때문이다.

| 0 | 1 | 2 | 3 | 4 | 5 | 6 | 7 | 8 | 9 | 10 |
|---|---|---|---|---|---|---|---|---|---|----|

9. 충분히 잠을 못 자면 다음 날 낮에 기능을 거의 할 수 없다.

| 0 | 1 | 2 | 3 | 4 | 5 | 6 | 7 | 8 | 9 | 10 |
|---|---|---|---|---|---|---|---|---|---|----|

10. 밤에 잠을 잘 잘 수 있을 것인지 절대 예측할 수 없다.

| 0 | 1 | 2 | 3 | 4 | 5 | 6 | 7 | 8 | 9 | 10 |
|---|---|---|---|---|---|---|---|---|---|----|

11. 수면 장애로 인해 생기는 부정적인 문제들에 대처할 만한 능력이 거의 없다.

| 0 | 1 | 2 | 3 | 4 | 5 | 6 | 7 | 8 | 9 | 10 |
|---|---|---|---|---|---|---|---|---|---|----|

12. 하룻밤 잠을 잘 못 자면, 그것이 그 주 전체의 수면 스케줄에 지장을 준다고 알고 있다.

| 0 | 1 | 2 | 3 | 4 | 5 | 6 | 7 | 8 | 9 | 10 |
|---|---|---|---|---|---|---|---|---|---|----|

13. 불면증은 근본적으로 화학적 불균형에 의해 생긴다고 생각한다.

| 0 | 1 | 2 | 3 | 4 | 5 | 6 | 7 | 8 | 9 | 10 |
|---|---|---|---|---|---|---|---|---|---|----|

14. 불면증 때문에 인생을 즐기지 못하고, 내가 원하는 것을 하지 못하게 된다고 느낀다.

| 0 | 1 | 2 | 3 | 4 | 5 | 6 | 7 | 8 | 9 | 10 |
|---|---|---|---|---|---|---|---|---|---|----|

15. 잠을 못 잘 때 유일한 해결책은 약물치료일 것이다.

| 0 | 1 | 2 | 3 | 4 | 5 | 6 | 7 | 8 | 9 | 10 |
|---|---|---|---|---|---|---|---|---|---|----|

16. 밤에 잠을 잘 못 잔 다음 날 사회 혹은 가정에서 내가 해야 할 일들을 피하거나 취소하게 된다.

| 0 | 1 | 2 | 3 | 4 | 5 | 6 | 7 | 8 | 9 | 10 |
|---|---|---|---|---|---|---|---|---|---|----|

| 하위 영역 | 문항 | 점수 |
|---|---|---|
| 불면증의<br>원인 및 결과에<br>대한 오귀인<br><br>평균 점수<br><br>:＿＿＿ | 7. 낮에 짜증 나고 우울하거나 불안하게 느낀다면, 그건 대개 전날 밤에 잠을 잘 못 잤기 때문이다. | |
| | 12. 하룻밤 잠을 잘 못 자면, 그것이 그 주 전체의 수면 스케줄에 지장을 준다고 알고 있다. | |
| | 8. 낮에 피곤하고, 기력이 없거나 기능을 잘 못한다고 느낄 때는, 보통 그 전날 밤에 잠을 잘 자지 못했기 때문이다. | |
| | 9. 충분히 잠을 못 자면 다음 날 낮에 기능을 거의 할 수 없다. | |
| | 16. 밤에 잠을 잘 못 잔 다음 날 사회 혹은 가정에서 내가 해야 할 일들을 피하거나 취소하게 된다. | |
| | 5. 밤에 잠을 잘 못 자면 다음 날 일상 활동을 하는데 지장을 준다고 알고 있다. | |
| | 13. 불면증은 근본적으로 화학적 불균형에 의해 생긴다고 생각한다. | |
| 수면에 대한<br>통제감 상실과<br>걱정 | 10. 밤에 잠을 잘 잘 수 있을 것인지 절대 예측할 수 없다. | |
| | 11. 수면 장애로 인해 생기는 부정적인 문제들에 대처할 만한 능력이 거의 없다. | |

| | | |
|---|---|---|
| | **4.** 잠을 잘 조절할 수 있는 능력을 잃을지 모른다는 걱정을 한다. | |
| 평균 점수<br><br>:_____ | **14.** 불면증 때문에 인생을 즐기지 못하고, 내가 원하는 것을 하지 못하게 된다고 느낀다. | |
| | **3.** 만성 불면증이 내 건강에 심각한 영향을 미칠지도 모른다는 염려를 한다 | |
| 수면에 대한<br>잘못된 기대 | **2.** 전날 잠을 충분히 못 자면, 다음 날 낮잠을 자거나 잠을 좀 더 오래 자서 보충해야 한다. | |
| 평균 점수<br><br>:_____ | **1.** 낮에 기운을 차리고, 일을 잘하려면 8시간은 자야 한다. | |
| 수면제에 대한<br>태도 | **15.** 잠을 못 잘 때 유일한 해결책은 약물치료일 것이다. | |
| 평균 점수<br><br>:_____ | **6.** 낮 동안 맑은 정신으로 일을 잘하기 위해서는, 밤에 잠을 못 자느니 수면제를 먹는 것이 더 낫다고 생각한다. | |

평균이 10점에 가까울수록 수면에 대해 잘못 생각하는 부분이 있으니 살펴보시기 바랍니다. 특히 문항 중 9점 혹은 10점으로 표기된 생각들은 수면에 대해 뿌리깊게 가지고 있는 생각일 수 있습니다. 네 가지 하위 영역 중 수면에 대한 어떤 생각이 가장 문제가 있다고 나왔나요? 잠을 방해하고 있는 생각은 아닌지 살펴보고, 바로잡아보면 좋겠습니다.

# 잠을 못 자면 죽고 싶을 만큼
# 고통스러워요

　아침 병원 회진을 돌기 위해 6시에 기상해야 하는 수련생 시절, 불면의 밤이 저에게도 찾아왔어요. 자려고 침대에 누운 지 세 시간이 지났는데도 잠이 오지 않았어요. 답답해서 어둠 속에서 눈을 뜨니, 아파트 천장에 로프트loft 형식으로 디자인된 배관이 눈에 들어왔어요. '지금 이 고통을 끝낼 수 있는 방법은 없을까?' 오랜 시간 이불 속에서 온갖 잡념을 떠올리며 뒤척이다 보니 평소 정신 건강이 특별히 나쁘지 않았던 저도 죽음과 관련된 생각을 하기 시작했어요.

　물론 당시 잠을 못 자던 와중에 우연찮게 그리고 다행히도 수면 클리닉에서 수련을 받게 되었고, 그 과정에서 나의 문제를 해결하고 저는 수면학자가 되기로 결심했어요. 수면학자의 길로 들어서게 된 계기는 고통스러운 밤에서 시작되었어요.

# 눈에 보이지 않아 더 외로운 병

15년 동안 만난 수많은 불면증 환자들은 하나같이 극심한 고통을 호소했어요. 불면증에는 부러진 뼈, 아물지 않은 찰과상, 귀로 확인할 수 있는 기침과 같은 가시적인 증상은 동반되지 않지만, 불면증에 시달리는 사람들은 오늘 밤은 어떻게 잘 수 있을까를 늘 걱정하고, 낮에는 멍하게 보내다 녹초가 되고, 밤에는 끝없는 외로움을 느끼는 등의 증상으로 고통을 받아요. 그들의 어려움을 겪어보지 못한 사람들은 잘 이해하지 못해요.

당신은 어쩌면 잠을 못 자는 것을 '마음의 문제'로 치부하여 정신력이 약해서 그렇다는 주변인의 면박을 받고 있을지도 몰라요. 저도 그랬어요. 그래서 20대 중반에 찾아온 불면증은 그 누구에게 호소하기에는 사소한 것처럼 느껴졌고, 스스로 감내해야 하는 짐처럼 느껴져서 주변에 이야기하기가 부끄러웠던 기억이 나요. "그냥 마음을 편하게 먹으면 되지!"라는 전혀 도움이 안 되는 핀잔을 들을 것만 같았어요. 그래서 고통스러운 그 시간이 더 외롭게 느껴졌던 것 같아요. 그리고 이런 외로움과 고통은 결국 죽음에 대한 생각으로 이어질 수 있어요.

# 잠 못 자는 고통을
## 아무도 이해하지 못한다는 외로움

우리의 밤과 낮은 연결되어 있어서 잠을 못 자면 여러 방면에서 몸과 마음은 타격을 받을 수밖에 없어요. 잠을 못 자면 우리 몸의 모든 장기들, 모세혈관, 발끝에 있는 신경세포 등 그 어느 구석이라도 영향을 받지 않는 곳은 없습니다.

그중 고통의 정점은 불면증에서 시작되어 자살로 끝나는 사례가 아닌가 싶어요. 수많은 연구에서 사람들이 자살을 시도하는 원인으로 무망감 혹은 우울증뿐 아니라 불면증 또한 자살과 강력한 연결고리가 존재한다고 밝혀졌어요.

특히 잠을 못 자서 자살로 이어지는 그 고통스러운 길에는 '잠을 못 자는 고통을 아무도 이해하지 못하는 데서 겪는 외로움'이 있었어요.

자살을 설명하는 대표적인 이론 중에 토머스 조이너Thomas Joiner 교수의 대인관계 이론Interpersonal Theory of Suicide이 있어요. 이 이론에서 누군가 자살에 이르기까지 중요한 요소 중 한 가지가 '좌절된 소속감thwarted belongingness'이에요.

좌절된 소속감은 주변인들과의 관계가 헐겁고, 그 누구도 나를 이해하지 못한다고 느끼는 겉도는 느낌이에요. 한국에서 진행한 조이너 교수와의 공동연구에서 불면증을 경험하면 주변의 대인관계가 빈약하고 외로움이 증폭되어 자해를 시도하거나 자살할 위험성이 높다고 밝혀졌어요.[32]

잠을 못 자는 사람들은 잠을 잘 수 있을 것 같은 일말의 가능성을 잡아보고자 사회 활동을 줄이기 시작해요. 약속을 잡지 않고 집에 일찍 귀가하고, 있던 약속도 잠에 대한 걱정으로 취소하는 경우도 많아요.

또한 머릿속이 '오늘은 잠을 잘 잘 수 있을까'와 같은 집착으로 가득 차 있기 때문에 그 누구를 만나도 대화에 집중하지 못하고 만남이 즐겁지 않다고 느껴질 수 있어요. 그러면서 집에서 혼자 잠을 기다리는 날들이 많아지며, 늘 잠에 들수 있을지 걱정하며 초조해져요.

주변인들이 자신의 이런 행동을 기이하게 보거나 이해하지 못할 것이라고 생각하기 때문에 더더욱 힘겹고 외로운 투쟁이 될 수밖에 없어요. 그리고 이런 노력은 기다림 끝에 잠이 찾아오지 않을 때 더 많은 걱정을 야기하며, 더욱이 잠을 달아나게 해서 불면의 악순환을 만들어내요.

잠을 못 자면 자살에 대한 생각이 증가할 수 있는 이유가 또 있어요. 우울하거나 불안해서 잠을 못 자는 경우도 있지만, 잠을 못 자도 우울하거나 불안해져 평소보다 감정을 적절하게 조절하기 어려워지고 판단력이 흐려질 수 있어요. 그래서 잠을 잘 잘 때보다 힘든 일이 생겼을 때 더 깊이 우울의

바닥을 치고, 더 높이 불안의 천장에 도달할 수 있어요.

이런 감정의 굴곡을 제어하기 어려운 가운데, 한순간의 잘못된 판단으로 욱해서 충동적인 행동을 저지를 수 있어요. 그러므로 잠을 못 자는 고통이 길어지고 깊어져서 죽음에 대한 생각에 이르렀다면, 심리상담이나 약물치료와 같은 전문적인 도움을 꼭 받아보아야 합니다.


## 잠을 못 자고 있다면, 대수롭게 여겨주세요

잠을 못 자서 죽고 싶을 만큼 힘들었던 당신의 마음의 고통은 있을 수 있는 일입니다. 우리는 이제 잠을 못 자는 것을 대수롭게 여겨야 해요.

2000년대에 인기를 끈 미드 〈섹스 앤 더 시티Sex and the City〉의 주인공 중 하나였던 여배우 킴 캐트럴Kim Cattrall은 2015년에 런던의 한 연극의 주연 역할을 맡았다가 연극이 오픈하기 직전에 주연 역할을 포기한다는 선언을 했어요. 대중은 그녀가 암이라도 걸린 것이 아니냐며 수군댔어요. 그렇게 열심히 일하고 신망 받는 여배우가 암 같은 불치병이 아니고서야 그런 결정을 했겠냐는 추측이 대부분이었어요.

그러나 나중에 밝혀졌지만 그녀는 심각한 불면증 때문에

주연 역할에서 하차하게 되었다고 밝혔어요. 그녀도 처음에는 그런 결정을 대중이 선뜻 받아들일 수 있을지 몰라서 불면증의 고통에 대해 공개적으로 이야기하는 것을 주저했다고 해요.

그 후, 용기를 낸 그녀는 48시간 동안 잠을 한숨도 못 자는 것에 대해 "인생의 쓰나미가 휘몰아친 기분이었다"고 토로했어요. 그리고 잠을 못 자는 것을 "시차 적응을 못 해서, 커피를 너무 많이 마셔서, 환경의 한 증상이겠지"라고 하며 사소한 문제로 여기면 안 된다고 주목할 만한 말을 남겼어요.

오늘도 잠을 못 자는 문제에 대해 대수롭게 여기지 않으려고 크고 작은 핑계를 둘러대며 하루를 버티고 있는 당신에게. 잠을 못 잔다고 스스로 너무 몰아세우지 마세요. 잠을 못 자는 것은 당신이 이 인생을 사는 데 해결해야 할 문제이지, 당신의 가치나 능력을 반영하지 않으며, 당신이라는 사람을 정의하지도 않습니다.

# 당신의 밤은
# 영원하지 않습니다

　해야 할 일을 미루다가 늦게나마 시작해서 자는 시간이 늦어지는 사람들의 심리는, 밤은 길고 영원할 것 같다는 착각을 하기 때문입니다. 시간이 많다고 생각하면 마음의 여유가 생기기 마련이에요. 밤은 마치 우리를 언제까지 기다려줄 것만 같은 관대함이 있는 것으로 착각할 수 있어요. 그러나 밤은 언젠가는 끝이 나고, 이 인생에서 우리에게 주어진 시간도 언젠가 막을 내리게 되어 있습니다. 생각보다 밤은 길지 않고, 시간은 그 누구도 기다려주지 않아요. 따라서 우리에게 주어진 시간을 가장 효율적으로 활용하려면 시간에 대해 더 많이 자각할 필요가 있습니다.

　잠을 일찍 자는 비결은 시간 지각time perception에서 시작해요. 시간 지각은 실제 흘러가는 시간과는 별도로 내가 개인적으로 느끼는 시간이에요. 우리는 마음이 힘들면 1분도 한 시간처럼 지루하고 길게 체감할 수도 있고, 즐거운 일을 하는 중이라면 열 시간도 한 시간처럼 순삭할 수 있어요. 잠을 못 자는 분들에게도 이런 양상이 흔하게 나타나요. 많은 불면증 환자들은 본인이 실제로 잔 시간보다 잠을 더 적게 잤다고 생각해요.

그뿐만 아니라 잠을 잘 못 자는 사람들은 잠드는 데까지 걸린 시간도 실제 시간보다는 더 오래 뒤척였고, 밤 중에 실제 깬 횟수보다 더 자주, 수시로 깼다고 느끼기도 해요. 간혹 이런 증상이 심한 불면증 환자를 볼 수 있는데, 이 증상을 '수면 착각sleep misperception'이라고 하며, 이에 대한 연구도 활발하게 이루어지고 있어요. 이렇게 잔 시간에 대해 더 적게 잤다고 인지하게 되면 충분히 못 잤다고 생각할 수 있으며, 향후에 잠을 못 자는 것을 불안해하고 걱정하게 만들어요. 그뿐만 아니라 잠에 대해 점점 증가하는 불안은 잠을 편안하게 잘 수 없는 악조건을 만들어내며 불면증을 악화하는 데 영향을 미치게 되어요.

우리는 어떤 순간이 마지막 순간이라는 것을 인지할 때 그 시간을 더 소중하고 아깝게 여기며, 더 신중하게 활용할 수 있어요. 우리의 인생도 돌아보면 마지막 순간들을 매번 지나치고 있지만, 대부분 마지막이라는 것을 모른 채 살기 때문에 그 순간순간에 주의를 기울이지 않고 지나치며 그 시간이 지나고서야 아쉬워하는 것 같아요.

그래서 저는 만약 나에게 슈퍼파워가 주어진다면, 모든 마지막 순간을 알아차릴 수 있는 능력이면 좋겠다고 생각한 적이 있어요. 소중한 사람과의 마지막 만남, 나의 아이를 품에 안고 마지막으로 내려놓는 순간, 추억이 가득한 장소의 마지막 방문, 다시는 없을 그 순간을 알 수 있다면 나의 삶은 어떨까요? 그 순간들을 알아차릴 수 있다면 마음껏 몰입할 수 있어서 지난 후에 후회하는 일은 없었을 것 같아요.


## 취침 시간을 하루의 마감 시간으로 생각하기

반복적으로 잠을 미루는 습관을 고쳐보고 싶다면, 이런 마음가짐으로 하루를 살아가면 어떨까요? 내가 잠을 자기 위해 마음먹은 그 시간 전의 시간만 존재하고, 내 하루를 마감하기 위해 꼭 지켜야 하는 마지노선이 있다고 생각해보는 거예요. 그러면 자기 전의 시간을 매 순간 중요하게 여기며 몰입해서 살아갈 수 있어요. 내가 정해놓은 취침 시간이 나의 하루의 데드라인, 즉 마감 시간이라고 생각하고, 그 전에 바쁘게 해야 할 일도 하고, 그 안의 시간에 내가 즐길 수 있는 시간도 확보해서 의미 없이 흘려보내지 않도록 노력하는 습관을 가져보세요. 어느 순간 진정한 마지막 날의 밤이 올 때, 평생 부족한 잠을 쫓으며 피곤하게 살지 않았다고 자부할 수 있을 거예요.

**Q 일어났을 때 개운해야만 잘 잔 걸까요?**

**A** 꼭 그런 것은 아닙니다. 일어나고 나서 완전하게 깰 때까지 30분 정도는 피곤하고 멍한 상태로 있는 것은 많은 사람이 경험하는 자연스러운 현상이에요. 수면 전문가들은 이 현상을 '수면 관성 sleep inertia'이라고 하고, 속칭으로는 '수면 숙취'라고 하기도 해요. 술을 마신 것처럼 정신이 맑지 않거든요. 그렇지만 아침에 일어났을 때 개운하지 않다고 해서 어젯밤의 수면 질이 떨어지고 만족스럽지 않다고 평가하지 않았으면 합니다. 특히 저녁형 성향이 강할수록 수면 관성이 더 강하게 나타나요. 그래서 일어나고 나서 멍한 상태가 오후까지도 오랫동안 지속될 수 있습니다.

**Q 활동을 하려면 꼭 여덟 시간을 자야 하나요?**

**A** 사람마다 밤에 필요한 수면 시간이 다릅니다. 그리고 모든 사람이 필요한 수면 시간을 일렬로 쭉 나열해보면, 평균적으로 7~8시간 정도 돼요. 그렇다고 해서 누구나 꼭 7~8시간을 자야 하는 것은 아니에요. 그러므로 이 기회에 나의 몸에 필요한 수면의 양을 파악해보면 좋겠어요. 그 잣대는 하루의 활동을 하면서 졸리거나 조는 시

간이 있는지 확인해보는 거예요. 특히 대중교통을 타고 가거나, 지루한 회의에 참석하고 있을 때 졸고 있으면, 수면이 부족하다는 신호일 수 있어요. 그 대신, 잠을 적게 자도 낮 시간 동안 지장이 없으면 괜찮은 것입니다. 꼭 정해진 시간 이상 잠을 자야 한다는 집착 또는 불안에서 벗어나서 자신이 잘 수 있는 수면의 양만큼 자연스럽게 잘 수 있는 것이 중요해요.

**Q  하룻밤에 몇 번씩 깨는데 안 좋은 걸까요?**

**A**  밤중에 몇 번씩 깨는 것은 정상적인 수면의 일부분이에요. 우리는 기억하지 못하지만, 잠을 잘 자는 사람들에게 수면다원검사를 한 결과, 정상적으로 밤마다 깨는 횟수는 평균 12회라고 알려져 있어요.[33] 물론 밤중에 자주 깨는데 다시 잠드는 데까지 오래 걸린다면(30분 이상), 이것은 불면증에 해당합니다. 그리고 혹시라도 자다가 숨을 멈추는 폐쇄성 수면무호흡증과 같은 수면 장애도 있기 때문에, 찜찜하다면 가까운 수면클리닉에서 수면다원검사를 받아볼 것을 추천해요.

**Q  잠들고 나서 꼭 서너 시간 후에 깨는 이유는 뭘까요?**

**A**  앞서 1장에서 우리의 잠은 '수면 욕구'와 '생체리듬'이라고 하는 두 가지 요인에 좌우된다고 배웠어요. 두 가지 요인이 서로 상호작용을 하며 우리가 잠을 잘 수 있게 도와주지만, 잠을 자기 시작하면

수면 욕구가 우선적으로 더 강하게 작용하게 됩니다.

잠들고 나서 첫 3~4시간 동안에는 하룻밤의 후반부보다 3~4단계의 비렘수면NREM에 더 오래 머물면서 우리의 뇌에서 델타파delta waves가 집중적으로 나오게 됩니다. 이런 델타파는 우리가 하루 동안 깨어 있으면서 축적해온 수면 욕구를 떨어뜨리는 역할을 해요. 자기 시작하면 강도 높게 델타파가 자주 나타나지만, 하룻밤이 지나면서 충분히 회복되면 수면 욕구가 감소하면서 델타파의 강도도 감소하게 됩니다.

즉 우리 뇌에서 나오는 델타파의 강도는 우리의 수면욕구 감소와 피로회복과 직결됩니다. 보통 이런 시간은 3~4시간 지속되며, 델타파가 약해질 때에도 우리가 수면을 유지할 수 있는 이유는 생체리듬 때문이에요. 각성의 신호, 즉 깨어 있고자 하는 신호를 약화하여 수면 욕구가 높지 않은데도 우리는 하룻밤의 잠을 쭉 이어나갈 수 있어요. 그러나 긴장도가 높거나 스트레스를 받으면 수면 욕구가 모두 감소한 뒤의 시점, 즉 3~4시간 후에는 각성 신호가 더 강해져 잠에서 깨서 다시 잠들기 어려울 수 있어요.

자는 도중에 델타파는 여러 가지 이유로 약화되는데, 연령이 높아질수록 델타파의 강도가 감소하기도 해서 밤중에 자주 깰 수 있어요. 또한 수면 부족 상태로 오래 깨어 있으면 델타파가 평소와 다르게 나온다는 연구 결과도 있습니다.[34] 수면 부족 상태에서 잠을 자면, 델타파는 빠르게 감소하여 깊은 수면 단계에 들어가고 유지하는 능력을 방해할 수 있어요.[35] 수면 부족 상태이면 오히려 더 오래 깊이 잘 것 같지만, 너무 오래 잠이 부족한 상태로 잠을 자면 정상적인 잠의 상태로 돌아가는 데 시간이 걸린다는 의미이고, 그렇게 되면 만성 피로 상태가 오래 지속될 수 있어요.

교대 근무에 적응하기 어려운 것은
너무나 당연한 일이에요.
왜냐하면 우리 몸의 자연스러운 현상을
역행해서 생활하는 것이기 때문이에요.
그러니까 자책하지 마세요.
당신은 멘탈이 약한 것이 아닙니다.

# 4

## 낮과 밤이 바뀌어도
## 잠은 온다

# 출산 후 부모의
# 수면 되찾기 솔루션

"아기가 배 속에 있을 때가 좋은 거야!" 임산부 중에서 이 이야기를 들어보지 못한 사람은 없을 거예요. 육아는 새로운 식구를 맞이한 기쁨만큼이나 몸도 힘들고 마음도 혼란스러운 경험입니다. 출산을 한다고 하면 그저 기쁘고 축하할 일이라고 생각할 수 있지만, 출산과 육아는 여성에게 높은 수준의 스트레스를 주는 생활 사건입니다. 이런 사실을 알고 있었나요?

스트레스 연구자들인 홈스Holmes와 라헤Rahe는 인간이 경험할 수 있는 모든 스트레스 사건을 목록화해서 스트레스를 받는 정도에 따라 순위를 매겼어요. 1위가 배우자의 죽음이었고 2위가 이혼이었어요. 그리고 12위가 임신, 14위가 출산으로, 파산이나 친한 친구의 죽음보다 더 순위가 더 높았어요. 아이를 출산해서 키우려면 난도가 높은 결정을 많이 해야 하고, 그 중에서 부모가 가장 힘들어하는 것 가운데 하나가 아이를 재우는 문제라고 생각해요.

성신여자대학교 심리학과 진경선 교수에 따르면, 많은 엄마가 후속 출산을 포기한 이유 중 하나도 "(아이 때문에 잠을 못 자서) 기본적인 생리적 욕구를 충족하지 못하는 일상을 (어머니들은) '형벌'과도 같은 큰 고통으로 인식"[36]했다고도 보고했어요. 그만큼이나 아이의 잠 문제만 해결되어도 키울 만하다고 생각하시는 부모가 많을 것이라고 생각해요.


## 아이는 낮과 밤을 어떻게 구분하게 되었을까?

모든 부모가 기대하는 '백일의 기적!' 낮과 밤 구분 없이 자다가 백일 즈음에 아이들이 갑자기 잠을 잘 잘 수 있는 시기라고 해서 그렇게 불리는 것 같아요. 보통 이맘때쯤 아이들은 기초 체온에 변화가 생기고, 깨어 있는 상태를 유지하는 능력이 발달하며, 뇌 발달을 통해 멜라토닌의 분비가 증가하면서 낮과 밤을 구분할 수 있는 능력이 생깁니다. 그리고 4~6개월 사이에는 두 가지의 중요한 발달 과업을 이룩하게 되어요.

첫 번째 중요한 발달 과업은 통잠을 잘 수 있다는 것인데, 여기서 통잠을 잔다는 것은 '깨지 않고 다섯 시간을 잔다'는 의미예요. 많은 부모는 아이가 통잠을 자는 것을 "내가 잠을 자는 시간에 내 잠을 방해하지 않는 것"이라고 착각하는데, 아이들은 부모보다 더 일찍 잠드는 경우가 많기 때문에 통잠을 자더라도 부모가 자는 시간에 깰 수 있어요.

두 번째의 중요한 발달 과업은 '자기 진정self-soothing 능력 발달'이 이루어지는 것이에요. 자기 진정 능력 발달은 아이들이 졸리면 부모의 개입 없이도 스스로 진정해서 잠들수 있는 능력을 의미해요. 4~6개월 정도 되면, 아이들은 졸릴 때 스스로 진정해서 잠들기 위해 행위를 다양하게 해요. 손을 빨기도 하고, 얼굴을 비비거나 소리를 내며 스스로 진정시키는 능력이 발달되어요.


## 수면 교육을 시킬 것인가 말 것인가

통잠을 자고 자기 진정 능력을 갖추어 발달 과업을 이룩하게 되면, 아이는 부모의 개입 없이도 잠들고, 밤중에 깨서 울더라도 혼자서 잠들 수 있으므로 이 시기에 수면 교육이 가능해져요. 수면에 대해 잘 모르는 인플루언서들이나 수면 컨설팅을 하는 분들을 보면 간혹 "수면 교육은 신생아 때부터 해야 한다" 혹은 "수면 교육은 임신 중에 해야 한다"라고 이야기하는데, 이런 이야기를 듣고 아이가 준비되지 않은 시기부터 시작해 불필요하게 아이를 울려 곤혹스러워하는 부모를 종종 만나게 됩니다. 물론 출산 후 아이에게 규칙적이고 예측 가능한 스케줄을 만들어주고, 수면 의식을 하는 등과 같은 노력은 도움이 될 수 있지만, 아이가 준비되지 않은 상태에서 너무 이르게 수면 교육을 시작하는 것은 바람직하지 않습니다.

그러면 수면 교육은 무엇일까요? 평상시 아이를 재우기 위해 하던 부모 행동(예: 들어 안아주기, 젖물리기 등)을 부모가 더는 하지 않아, 아이가 보호자의 도움 없이도 혼자서 잠들 수 있게 도움을 주는 것을 수면 교육이라고 해요.

취침 시간이 다가왔을 때 아이가 잠을 자게 하기 위해 부모가 평소에 해주던 행동이 있을 거예요. 아이는 안아주고, 어르고 달래는 것과 같은 행동을 기대하게 되어요. 이처럼 아이는 특정한 조건이 갖춰질 때 잘 수 있다는 것을 배우기 때문에, 부모가 곁에 있지 않아도 아이가 편안하게 잘 수 있는 조건으로 수면 연합을 만들어주는 과정을 수면 교육이라고 합니다.

좋은 수면 연합을 만들어주는 것은 아이의 수면뿐만 아니라 부모의 수면과 정신 건강에도 중요해요. 하루아침에 수면 교육 혹은 수면 독립을 마음먹은 부모가 갑자기 아이를 혼자 침대에 눕혀서 재우려고 시도한다면, 재우거나 젖을 물려서 재우던 아이는 평소에 기대한 행동을 받지 못해 크게 놀라 처음에는 더 많이, 더 크게 울게 되어요. 많은 부모가 여기서 마음이 약해져 수면 교육이 종종 실패해요. 그러나 그 고비를 잘 넘기고 버텨서 수면 교육을 성공적으로 한다면, 대부분의 아이들은 밤중에 깨는 횟수와 깨어 있는 시간을 줄일 수 있고, 수면 교육을 한 엄마들은 그렇지 않은 엄마들에 비해 장기적으로는 산후 우울증과 같은 문제를 더 적게 경험한다고 해요.

## 효과적인 수면 교육법 세 가지

'수면 교육'은 일상에서 부모들 사이에서 다양하게 활용되고 있지만, 국제소아수면학회International Pediatric Sleep Association에서는 수면 교육 중 과학적인 방법으로 세 가지를 권장하고 있어요. 이 세 가지 방법은 모두 수면 교육을 하는 과정에서 아이가 울거나 떼를 쓸 수 있어요. 그렇지만 다양한 연구를 통해 정서발달, 애착, 스트레스 등에서도 아이에게 장기적으로 전혀 문제가 되지 않으며, 오히려 수면 문제를 개선해서 장점이 훨씬 많으며, 과학적이고 안전한 방법인 것으로 밝혀졌어요.

### 1. 표준 소거법

표준 소거법standard extinction은 그중 가장 강력한 방법으로, 아이가 잠이 들려고 할 때 침대에 눕히고, 방 밖으로 나와서 아이가 스스로 잠들 때까지 아이를 달래주지 않는 방법입니다. 보통 아이가 높은 강도로 평소보다 많이 울기 때문에 아이가 기질적으로 불안하거나 부모가 아이의 우는 소리를 감내하지 못한다면 쉽게 포기할 수 있는 방법이에요.

첫 며칠은 아이가 많이 울 수 있지만, 아이가 부모에게 기대하는 행동이 주어지지 않는다는 것을 깨닫게 되면 보통 5일 이내로 아이가 혼자 잘 수 있게 되어요. 가장 효과가 좋은 방법이지만, 부모가 아이를 혼자 울게 두는 상황을 며칠 동안 견뎌야 한다는 단점이 있어요.

### 2. 점진적 소거법

점진적 소거법gradual extinction 혹은 퍼버법이라고 알려진 방법으로 표준 소거법보다는 오래 걸리는 방법이에요. 아이가 깨서 울 때 방에 들어가 달래주는 시간 간격을 매일 점차 늘려가는 방법이에요. 예를 들어 1일 차에는 2분 간격으로 한 번씩 들어가서 아이를 잠깐 달래고, 2일 차에는 3분 간격으로 들어가서 달랩니다. 표준 소거법보다는 순화된 방법으로, 부모가 견딜 수 있는 선에서 아이를 울게 해서 아이 우는 소리를 힘들어하는 부모에게 더 권장하는 방법이기도 해요. 다만 표준 소거법보다는 아이가 혼자 자는 데까지 조금 더 오래 걸립니다(평균적으로 2주 이내).

### 3. 부모 동반 소거법

부모 동반 소거법extinction with parental presence은 가장 완화된 방법으로 캠핑아웃camping out이라고도 합니다. 이 방법은 불안도가 높은 부모 혹은 아이에게 가장 추천하는 방법이에요. 아이가 깨어 있는 채로 침대에 눕히고 잠들 때까지 보호자가 방 안에 머무르게 됩니다. 다만 침대에 누워서 함께 있는 것은 아니고, 침대 옆에 의자를 두고 앉아 있는 것이 좋아요. 보호자는 매일 아이가 알아차리지 못할 정도로 침대에서 조금씩 멀어지는 것이 좋습니다.

수면 교육은 시작했다가 중간에 포기하면 다음에 아이를 혼자 재우는 것을 시도하는 것이 훨씬 오래 걸리고 어렵기 때문에, 포기하지 않을 만한 방법을 선택하는 것이 좋아요. 부모 동반 소거법은 다른 두 방법에 비해 가장 시간이 오래 걸린다는 단점이 있어요.

가끔 SNS를 보면 잠 못 자는 아이를 재워주겠다며 특정한 방법으로 수면 교육을 해야 한다고 홍보하는 광고를 볼 수 있어요. 그런데 저는 수면 교육은 지극히 개인적이며 아이를 가장 잘 아는 엄마가 아이의 성향과 자기 자신을 파악해 선택하는 과정이라고 생각해요. 아이의 울음소리나 요구에 전혀 반응해주지 않고 혼자 자게 하는 것은 아이와 부모를 모두 지치게 할 수 있어요.

가장 중요한 것은 부모가 감내할 수 있는 범위 내 불안 수준에서 아이에게 적절한 한계를 설정하는 것입니다. 이 적절한 한계는 아이와 자기 자신을 가장 잘 아는 부모가 결정해야 해요. 즉 부모의 불안과 한계 설정이 균형을 이루도록 결정하는 것이 중요해요. 그 지점을 찾아가는 것이 수면 교육이라고 할 수 있어요. 이 과정에서 아이의 수면에 대한 생각과 자신의 불안으로 인해 힘에 부치는 것은 아닌지 확인해

부모가 감내할 수 있는 불안 수준 안에서
적절한 한계를 설정해야 해요.

보는 것이 필요해요. 그러니까 획일적인 방법을 강요하는 수면 컨설팅이라면 너무 맹신하지 마세요.

## 수면 교육의 장애물

서양 국가에서는 수면 교육을 하는 부모가 반보다 조금 높은 50.2퍼센트라고 조사되었어요.[37] 우리나라에서는 위의 세 방법으로 수면 교육을 하는 부모가 얼마나 되는지 조사해보았는데, 26.9퍼센트가 수면 교육을 한다는 결과가 나왔어요. 서양 국가의 반절 수준밖에 안 된 이유를 추가로 조사해보았더니, 1위가 "아이의 우는 소리가 걱정되어서", 2위가 "환경적 제약", 즉 공간이나 방이 부족해서라는 문제가 있었으며, 3위가 "수면 교육에 대한 정보나 배울 기회가 없어서"라고 응답한 부모가 있었어요.

6~36개월 된 아이를 둔 부모 507명을 대상으로 조사해보았더니, 부모 대부분이 수면 교육에 대해서도 잘못된 정보를 가지고 있었어요. 한국 부모 중에 국제소아수면학회에서 인증하는 수면교육 세 가지에 대한 실시율은 7.9~10.8퍼센트에 그쳤고, 그 방법들을 들어보았다고 응답한 부모는 24.3~41.2퍼센트에 불과했어요. 그러나 과학적인 방법이

라고 하기에는 애매한 (그리고 연구가 전혀 되지 않은) 아이가
잘 때까지 "쉬~"를 반복하는 '쉬닥법' 혹은 아이가 울면 안
아서 진정시키고, 바로 다시 눕히는 '안눕법'과 같은 방법은
한국 부모들 사이에서는 권장되는 수면교육법보다는 인지
도가 훨씬 높았고(23.3~29.6퍼센트), 실시율도 더 높았어요
(55.8~63.3퍼센트). 이렇게 아이를 재우는 것에 대한 잘못된
정보가 많다 보니, 제대로 알고 아이를 재울 것을 추천해요.

## 아이의 잠에 대해 가지고 있는
## 생각을 바꿔보자

우리가 잘 때 혹은 아기를 재울 때 하는 행동이 단순한 것
같지만, 매일 하는 그 행동 뒤에는 잠을 자는 것에 대한 다양
한 생각과 신념이 담겨 있습니다. 그런 생각은 우리의 삶과
유기적으로 연결되어 있고, 우리가 어떤 방식으로 잠을 자
고, 아이를 어떻게 재우는지를 결정해요. 만약 잠에 대해 가
지고 있는 생각이 잘못되거나 경직된 것이라면, 오히려 아기
의 잠을 방해하고 아기가 건강한 수면 습관을 형성하는 데
방해가 될 수 있어요.

직접 연구해본 결과, 아이가 잠을 잘 자지 않아 고민이 많

은 부모는 아이가 잘 자는 부모보다 아이의 잠에 대해 잘못 이해하고 있는 경우가 더 많았습니다. 그런 생각은 다음과 같이 크게 네 가지로 분류할 수 있습니다.

### 1. 부모의 양육 능력 부족과 연결 짓는 생각

아기가 잠을 자지 않는 것을 부모의 양육 능력 부족과 연결 짓는 잘못된 생각을 하는 경우가 있어요. 예를 들어, "아이가 밤에 잘 자지 않으면 부모로서 내 능력이 의심스럽게 느껴진다"와 같이 아이의 잠을 재우는 능력이 부모의 양육 능력을 반영한다고 과잉 해석을 하거나, "아이가 깨어나서 울 때, 아이가 무엇을 원하는지 항상 알고 있지 않으면 나는 나쁜 부모이다"와 같은 생각을 하는 거예요. (어떻게 아나요, 점쟁이도 아니고!)

예측 불가능한 아이의 잠에 대해, 기대했던 것만큼 잘 자지 않은 모든 부분까지 부모의 자격 미달로 귀결해버린다면 항상 죄책감과 우울 속에서 아이를 키우게 될 가능성이 높아요. 때로 아이는 그냥 아기라서, 잠을 못 잘 때도 있어요.

### 2. 아이가 깨면 부모가 바로 반응해줘야 한다는 생각

아이가 잠에서 깨면, 부모가 무언가 행동을 취해줘야 한다는 생각을 하는 경우가 있어요. 예를 들어, "아이가 울 때 내가 바로 반응해주지 않으면 아이의 정서 발달에 부정적인 영향을 미칠 것이다"와 같이 부모가 항상 경계 태세로 아이의 머리맡을 지켜야 한다고 생각하는 분들이 있었어요. 혹은 "우리 아이가 밤에 울 때, 그냥 두면 아이에게 해롭다고 생각한다"와 같이 아이가 우는 것을 파국화하는 생각들이 많았어요. 이는 부모가 불안이 높은 경우예요. 수면 교육을 할 수 있는 시기가 오고, 아이가 혼자 밤중에 깼다가 스스로 잠들 수 있는 능력이 생겼는데도 아이가 '앵~' 울음소리를 내기 무섭게 개입하게 되면, 아이는 스스로 잠 들 수 있는 능력을 개발할 수 없게 되어요.

### 3. 밤 수유를 지속하려는 생각

밤 수유를 끊을 시기가 지났는데도 아이가 잠을 자지 않는 것이 수유 때문이라고 잘못된 생각을 하는 경우도 있어요. 예를 들어, 아이가 잠에서 깬 이유를 항상 배가 고프기 때문이라고 해석한다거나, 만약 야간 수유를 하지 않거나 아이가 잠에서 깼을 때 무엇이라도 먹이지 않으면 아이가 절대 잠들지 않을 것이라고 믿는 잘못된 생각이에요.

아이가 밤 수유를 끊을 시기가 지났는데도 밤 수유를 지속하면 부모도 결국 밤중에 깨서 수유를 해야 하기 때문에 고생스럽고, 아이도 그 시간이 되면 배고파야 한다는 것을 학습하기 때문에 그 시간만 되면 습관적으로 밤중에 깨게 됩니다.

제가 만난 한 부모는 아이의 밤 수유를 끊고 나서 이유식도 끝났는데, 아이가 동생을 본 후로 밤중에 계속 깨기 시작했어요. 이 부모는 아이가 배고파서 깼다고 생각해서, 밤 수유를 끊은 아이에게 밤중에 바나나를 잘라 먹이고 있었고, 아이가 밤에 계속 깨서 힘들다고 저에게 호소했어요.

### 4. 육아에 대한 일반적인 불안

마지막은 아이를 키운다는 자체만으로 부모들이 가질 수 있는 일반적인 불안이에요. 누구나 아이를 처음 키운다면 무섭고 걱정이 될 수 있어요. 그러나 이런 불안도 지나치면 "아이와 따로 자는 경우 아이가 자다가 돌연사할지도 모른다는 생각에 두렵다" 혹은 "내가 아이와 같이 자는 이유는 내가 불안하기 때문이다"와 같이 본인의 불안을 줄이려고 아이와 함께 자며 계속 아이의 상태를 확인하는 분도 있어요. 이런 경우에도 아이가 스스로 잠들 수 있는 기회를 주지 않기 때문에 아이가 밤중에 자주 깨서 부모를 찾을 수 있어요.

# 아이에게 기회를 주세요

아이가 스스로 잠들 수 있게 기회를 줄 수 있는 사람은 부모밖에 없어요. 아이를 키우는 과정은 처음에는 부모에게 온전히 의존해 있는 하나의 생명체를 조금씩, 천천히 독립시키고 떠나보내는 과정인 것 같아요. 그리고 그중 독립의 첫 단계로 마주하게 되는 것이 수면 교육 혹은 수면 독립이라고 할 수 있어요. 그래요. 당신은 아직 그 여린 아이를 독립시킬 마음의 준비가 조금도 되어 있지 않을 수 있어요. 어쩌면, 그런 것들이 앞으로 다가올 더 많은 독립의 시작이기 때문에 허전하고 무서울 수 있어요. 위험한 세상에서 아이를 완전히 보호하고 싶은 게 부모의 마음이니까요.

그러나 걱정하지 마세요. 수면 독립을 한다고 해도 아직 갈 길이 멀어요. 아이는 아직 당신에게 필요하거나 도움 받아야 할 것이 너무나 많습니다. 이것은 시작에 불과하기 때문에 좋은 시작을 한다는 것에 의미를 두기로 해요(아이를 잘 재우는 법에 대해 더 자세히 알고 싶다면 저의 책《엄마의 잠 걱정을 잠재우는 책》을 참고해주세요).

# 부부 관계가 더 돈독해지는
# 수면 이혼

한 젊은 여성은 옆에서 신랑이 입을 벌리고 집이 떠나가라 코를 고는 것 때문에 고민을 하다 상담하러 찾아왔어요. 남편을 툭툭 쳐봐도, 잠시 그칠 뿐 곧바로 다시 코를 골기 시작했고, 깨워도 잠시 일어나서 미안하다고 한 뒤 옆으로 누워 다시 잠들었는데, 몇 분 안 지나 코를 다시 크게 곤다고 보고했어요. 낮에는 사이가 좋았고, 코를 고는 문제 빼고는 관계도 좋았어요. 그리고 신혼부부라 같이 침대에서 자는 것이 좋다고 생각은 하지만, 매일 밤잠을 설치다 보니 낮에도 남편이 미워 보이기 시작했다고 했어요.

귀마개도 사용해보고, 먼저 잠들어보기도 하고, 병원에 가서 남편이 양압기를 처방받게 하기도 했지만 효과가 미미해 지금은 결혼 전 혼자 침대에서 자던 시절처럼 꿀잠을 자는 것이 소원이라고 했어요. 저는 그녀에게 수면 이혼을 해볼 것을 제안했어요. 아니, 사이가 좋은 결혼한 부부에게 '이혼'을 제안하다니, 의아하다고 생각할 수도 있을 것 같아요.

## 각방 쓰기 대 수면 이혼

수면 이혼sleep divorce이란 부부나 커플이 각자 다른 침대 혹은 다른 방에서 자는 것을 의미해요. 표면적으로는 각방을 쓰는 것과 비슷해 보일 수 있어요. 그렇지만 수면 이혼은 각방을 쓰는 것보다 관계적 측면에서 더 능동적이라는 점에서 달라요.

보통 각방을 쓰는 부부는 사전에 합의해서 각방을 쓰는 경우가 잘 없어요. 일주일에 하루 혹은 이틀을 다른 방에서 자다가, 서서히 그 빈도가 늘어나서 결국 어느 날부터인가 혼자 자는 것이 서로 편해지면서 자연스럽게 한 침대를 쓰지 않게 되어요. 서로 각방을 쓰는 것에 대한 사전 합의도 없고, 대화도 없기에 각방을 쓰면서부터 대화도 줄어들고 부부 관계의 빈도도 감소해요. 섹스리스 커플들의 고민을 부부상담을 통해 들어보면 각방 쓰는 것이 출발점이 되는 경우가 많아요. 그런 과정에서 부부 관계도 점점 나빠질 수밖에 없어요.

각방을 쓰는 것과는 다르게 수면 이혼을 하려면 사전에 충분한 대화를 통해 잠만 따로 자되, 관계적 측면을 어떻게 보존하고 발전할 것인지 반드시 논의해야 해요. 수면 이혼의 목적은 수면으로 인해 서로 불편했던 부분을 해소하고 오히려 더 좋은 관계로 개선하기 위한 것이에요. 깨어 있는 시간에 서로 더 충실할 수 있게요. 스킨십과 부부 관계의 유지 등과 같은 부분도 대화를 충분히 하는 것이 중요해요.


## 관계 속의 수면


사람들은 대부분 잠을 자는 것을 지극히 사적이고 개인적인 행위라고 생각해요. 물론 그렇지만, 생각보다 나의 잠은 다른 사람과 관계가 얽혀 있어요. 생각해보세요. 잠을 설친 날 예민하기 때문에 주변 사람들에게 유독 더 짜증을 냈던 기억이 있나요? 비슷한 맥락으로 가정 내 폭력도 그 전날 수면의 질이 낮았던 다음 날 더 많이 발생한다고 밝혀졌어요.[38] 잠을 못 자면 외로움을 더 느낄 수 있다는 연구도 있어요.

《우리는 왜 잠을 자야 할까》라는 책으로 유명해진 수면학자 매슈 워커는 2018년에 흥미로운 연구를 하나 발표했어요. 그 연구에서는 잠을 못 자면 다음 날 외로움을 더 많이 느끼고, 더 혼자 있고 싶어지고 불안도 더 높아진다고 발표했어요. 그리고 잠을 안 잔 사람들의 뇌 영상을 찍어보니 잠을 못 잔 사람들은 타인의 입장에서 이해하고 그들의 행동을 이해하는 데 돕는 뇌 부위의 기능이 떨어졌어요.

또한 잠을 잘 못 자면 사회적 상황에서 위협을 느끼거나 공포를 느끼는 뇌 부위는 더 활발하게 활동했어요. 즉 잠을 안 잔 연구 참여자들의 뇌 부위 중 사람들과 친밀해지고 사교 활동을 하고 싶어지는 부위는 덜 활성화되고, 타인을 의심하고, 그들이 나를 부정적으로 평가하는 것 같고, 그래서 스스로 고립되고 싶은 뇌 부위는 기능이 더 강해졌어요.

연구진들은 한 단계 더 나아가서 이렇게 잠을 안 잔 사람들의 사진을 일일이 찍었다고 해요. 그리고 연구 참여자와 안면이 없는 사람들을 또 모집해서 사진 속의 사람들이 느끼는 외로움의 정도, 그리고 얼마나 매력적으로 보이는지를 평가하라고 지시했어요. 그 결과, 잠을 못 잔 사람들의 사진은 잠을 잘 잔 사람들의 사진보다 더 외로워 보이고 덜 매력적이라는 평가를 받았어요.

이 연구에서 정말 흥미로운 점은, 연구 참여자들이 잠을 안 잔 사람의 사진을 관찰한 후, 그들 스스로도 더 외롭다고 느끼고, 혼자 있고 싶다고 보고한 것입니다.[39] 즉 잠을 못 자는 사람은 본인도 사회적인 철회를 하고 싶게 만드는 것뿐만 아니라 주변 사람들에게도 전염되어 그들도 외로움을 느끼게 해요. 결국 가까운 관계 안에서 잠을 못 자는 사람이 한 사람 있다면, 나머지 한 사람도 혼자 남겨진 듯한 기분이 들 수 있어요.

이처럼 우리가 생각하는 것보다 잠은 우리의 관계와 밀접하게 얽혀 있고, 그중에서도 가장 친밀한 배우자와 나의 잠은 더 복잡하게 얽혀 있어요. 한 연구에서 부부를 대상으로 수면을 조사하고 저주 인형을 주었어요. 그 저주 인형이 본인의 배우자라고 상상하며 저주 인형에 원하는 만큼 핀을 꽂으라고 지시했어요.

연구 결과, 평소 수면의 질이 좋지 않았던 사람들이 저주 인형에 핀을 더 많이 꽂았어요.[40] 배우자와 한 침대에서 자고 있다면, 부부싸움을 한 직후에 침대에 같이 누워 씩씩거리다가 잠이 쉽게 들지 못한 경험이 있었다면 저주 인형에 핀을 열심히 꽂은 분들의 마음을 이해할 거예요.

수면 이혼은 언제 고려해야 할까요? 상대방의 수면 습관으로 내가 잘 자고 있지 못한다고 느껴지면 고려해볼 수 있어요. 수면 장애 중에서 심한 코골이뿐만 아니라 주기적으로 다리를 움직이거나, 꿈을 행동으로 이행하는 것과 같은 옆에 자는 사람에게 피해를 줄 수 있는 수면 장애도 있어요. (물론 이런 수면 장애는 대부분 좋은 치료법이 있기 때문에 방치하지 말고 꼭 내원해서 치료를 받길 바랍니다.) 치료를 받아서 좋아지면 다행이지만, 일시적으로 나의 숙면을 위해 수면 이혼도 고려해 볼 수 있어요.

수면 장애뿐만 아니라 서로를 불편하게 만드는 수면 습관도 상대방의 수면 질을 낮출 수 있어요. 예를 들어, 한쪽은 일찍 자기를 선호하는 반면, 다른 한쪽은 늦게 자기를 원할 수도 있어요. 그 외에도 한 배우자가 야간 근무나 교대 근무와 같은 외부적인 이유로 한밤중에 들어와 잠귀가 밝은 상대가 깨서 다시 잠드는 것이 힘들 수도 있어요. 물론 모든 부부나 커플은 각기 상황이 다를 수 있기 때문에 각자의 관계 내에서 적절한 선택을 하는 것이 맞아요. 그렇지만 잠 문제로 관계를 해치고 있다면, 다른 대안도 유연하게 고려할 필요가 있습니다.


## 수면 이혼은 어떻게 해야 하나요?


부부간에 다른 영역에서는 크게 불만이 없는데, 잠자는 습관 때문에 갈등을 빚는다면 수면 이혼을 하나의 선택지로 고려할 수 있어요. 그러면 수면 이혼은 어떻게 해야 하나요? 가장 중요한 것은, 관계 내의 모든 문제와 동일하게 의사소통을 우선적으로, 능동적으로, 그리고 명확하게 해야 한다는 것이에요.

만약 이미 서로 간에 소통 문제를 겪고 있다면, 수면 이혼은 오히려 그 문제들을 증폭할 수 있기 때문에 권하지 않아요. 또한 한 침대에서 자는 것에 대한 의미 부여와 가치관은 사람마다 다를 수 있어요. 그래서 이런 부분에 대해 대화를 충분히 해야 해요.

어떤 사람은 부부가 한 침대에서 자는 것에 큰 의미를 두기 때문에, 수면 이혼을 하자고 하면 상대방이 자신에 대한 거부의 의미로 받아들일 수 있어요. 한 침대에서 자지 않는 것을 거부의 의미나 서로의 관계가 좋지 않은 것으로 과잉 해석하기보다는 잠은 같이 자지 않더라도 관계의 다른 영역에서 서로 더 관계가 두터워지고 정이 깊어질 수 있는 방법을 이야기 나누어보세요.

수면 이혼을 할 때에는 협상도 중요해요. 누가 안방 침대를 차지하는 것이 좋을까요? 꼭 한 침대가 아니라도 같은 방에서 자면 어떨까요? 부부 관계를 소홀하게 하지 않기 위해서 언제, 어떤 주기로 한 침대에서 잘 것인가요? 서로의 스킨십을 위해 할애된 시간에 대해서는 충분히 이야기를 나눠보셨나요? 부부 관계 이후 각자의 침대로 옮기는 것에 대해서는 합의가 이루어졌나요? 숙면을 취했기 때문에 서로 깨어 있을 때 더 깊이, 더 친밀하게 사랑할 방법이 있을까요? 수면 이혼은 단순하게 각자 다른 침대에서 자는 것이 아니라 잠은 따로 자지만 낮 시간만큼은 서로 더 충실하기 위한 약속이 될 수도 있어요.

그리고 만약 지금은 혼자 자고 있지만, 미래의 배우자나 애인과 같은 침대에 눕고 싶은 소망이 있는 분이라면, 침대에 함께 누울 그 사람이 나의 잠, 그리고 내가 앞으로 자야 할 밤과 관련이 깊다는 점을 기억해주세요. 물론 낮에는 나의 심장을 뛰게 하는 설레는 사람을 찾는 것이 중요해요. 그렇지만 낮이 지나면 침대에 누워 서로의 얼굴을 가까이 마주하고, 포근한 밤도 함께 맞이해야 한다는 것을 잊지 마세요. 나를 긴장하게 만들고, 관계에 대한 불만이 높아 나의 잠을 앗아가는 상대보다는 나의 편안한 마음을 잘 이끌어주어 침대에서 서로 이완한 상태로 스르르 잠들게 해주는 사람을 선택해보는 것이 어떨까요?

# 밤에 일하는
# 교대 근무자들의 이야기

　2017년에 수면의학 분야를 떠들썩하게 만든 일대 사건이 있었어요. 세 명의 수면 연구자Jeffrey C. Hall, Michael Rosbash, Michael W. Young가 수면 분야에서 사람의 생체리듬에 대한 연구로 노벨상을 탄 것입니다. 수면 분야에 종사하는 연구자들도 수면의 중요성을 세상이 인정한 성과라며 대단히 기뻐했어요.

　당시 노벨상 선정위원회에서는 세 연구자의 수상의 중요성에 대해 다음과 같이 발표했어요. "외부 환경과 내부 생체시계가 일시적으로 불일치할 때 우리의 웰빙에 부정적인 영향을 끼칩니다." 우리의 외부 환경, 즉 하루의 해가 뜨고 지면서 낮과 밤이 구분되는 그 시간과 사람의 내부 생체시계가 일치할 때, 그리고 낮에 활동하고 밤에 잘 때 가장 건강하다는 것을 의미합니다.

그렇지만 교대 근무를 하는 직업에 종사하는 분들은 다른 사람이 잘 때 일하고, 다른 사람이 일할 때 자는 정반대의 생활을 하게 되어요. 그래서 외부 환경과 내부 생체시계가 불일치하는 삶을 살게 됩니다.

## 교대 근무 장애란 무엇일까?

교대 근무는 하루 24시간 업무가 수행되어야 하는 환경에서 조를 나누어 각기 다른 시간대에 근무하는 방식이에요. 소방관, 경찰관, 서버 관리 엔지니어, 제조업 종사자 등 우리나라의 노동자 가운데 약 10퍼센트가 교대 근무에 종사하고 있습니다.

교대 근무 방식은 여러 가지가 있지만, 우리나라에서 가장 흔한 교대 근무 종류는 '순환 교대 근무'예요. 예를 들어, 며칠은 낮에 일하고, 그다음 또 며칠은 오후에 일하고, 이어서 며칠은 야간에 일을 하는 일정이 있어요. 이런 분들은 자는 시간이 수시로 바뀌기 때문에 수면 장애에 취약할 수밖에 없어요.

수면 장애 중에서도 '교대 근무 장애shift work disorder'는 통상적으로 잠을 자야 하는 시간에 근무하는 경우 업무 중에는 과도하게 졸리지만, 근무가 끝나고 집에 귀가해서 잘 수 있을 때에는 불면증이 나타나 잠을 자지 못하는 증상을 말합니다. 특히 야간 근무를 마치고 퇴근해서 아침에 잠을 청할 때 가장 어려움을 겪어요. 그리고 휴무일에는 근무 기간에 자지 못했던 수면 부채(수면 빛)를 해결하기 위해 자유시간의 대부분을 주로 잠을 자는 데 쓰거나, 누워서 보내요.

## 교대 근무자를 위한 솔루션

교대 근무 장애로 힘든 시간을 보내고 있다면 아래 방법들을 참고해보세요.

### 1. 마인드 세팅하기

교대 근무를 불가피하게 할 수밖에 없는 직업이라면, 좌절하지 마세요. 수면과학의 원리를 활용하여 수면의 질과 양을 향상할 수 있는 몇 가지 방법이 있습니다.

첫째로 생각의 전환이 필요합니다. 낮에도 밤처럼 잘 자야 한다는 인식을 버려야 해요. 근무를 마치고 아침에 잠을 자는 것이 밤에 자는 것만큼 잠의 깊이나 양이 똑같을 수는 없어요. 그런 기대는 현실적이지 않기 때문에 항상 수면이 불만족스러울 거예요.

둘째로 처음 교대 근무를 시작할 때 교대 근무에 쉽게 적응하지 못한다고 자책하지 마세요. 본인이 교대 근무에 적응하지 못하는 것을 두고 '멘탈이 약하기 때문이다'라고 생각하는 분이 많아요. 특히 경찰관이나 소방관과 같은 남성의 비율이 높은 직군에서 이런 이야기가 많이 나와요. 그러나 교대 근무에 적응하기 어려운 것은 너무나 당연한 일이에요. 왜냐하면 우리 몸의 자연스러운 현상을 역행해서 생활하는 것이기 때문이에요. 그러니까 자책하지 마세요. 당신은 멘탈이 약한 것이 아닙니다.

셋째로 야간 근무가 끝나고 귀가해서 잠을 청할 때 통잠을 자지 못하고 여러 번 깬다고 해서 너무 스트레스를 받지 마세요. 당신이 잠을 청하는 그 시간은 몸이 잠을 자는 통상적인 시간이 아니기 때문에 밤에 잘 때보다 더 자주 깰 수 있어요. 자주 깨더라도 다시 자면 됩니다.

넷째로 '교대 근무를 장기간 하다 보면 시간이 해결해주겠지'라고 생각하며 극심한 불면증을 감내하지 말고 도움을 받으세요. 앞서 배웠듯이, 일단 형성된 잘못된 수면 습관은 시간이 지나도 좋아지지 않아요. 잘못된 수면 습관은 시간이 지나면서 더 굳어지고, 잠이 부족하고 피곤한 상태가 나의

'뉴 노멀(새롭게 만들어진 기준)'이 될 뿐이에요. 그러니 고통스러워하며 참지 마세요. 불면증을 위한 인지행동치료나 약물치료 등 잘 검증된 치료를 받으면 수면이 개선될 수 있어요.

## 2. 행동으로 실천하기

교대 근무에 도움이 된다고 알려진 치료 중에 약을 먹는 방법이 있습니다. 일을 할 때 졸리면 잠 깨는 약을 복용하고, 낮에 잠을 청할 때에는 잠들게 도와주는 약을 먹는 방법이에요. 그 이외에도 교대 근무를 하는 분들의 수면을 개선하기 위해 불면증을 위한 인지행동치료, 수면 시간 처방을 통한 시간 치료chronotherapy, 근무 전에 보충잠 자기, 광치료 등의 방법들이 있어요.

교대 근무자들이 가장 조심해야 하는 요인 중 하나는 '빛'이에요. 우리의 생체리듬은 빛으로 조성되기 때문에 잘못된 타이밍에 강한 빛을 쐬게 되면 자야 할 때 잠이 오지 않을 수 있어요. 그렇기 때문에 야간 근무를 마치고 퇴근하는 길에는 빛을 차단하는 선글라스를 착용하면 도움이 되어요(빛 차단을 최대한 많이 해주는 고글형 선글라스를 추천합니다). 그리고 귀가하면 낮이더라도 최대한 어두운 침실에서 자야 하는데, 이렇게 하면 일주기리듬이 교대 근무 시간에 적응하는 데 도움이 되어요.

야간 근무를 시작하기 전에 긴 밤을 잘 견디고 졸리지 않은 상태에서 일을 할 수 있게 해주는 방법도 있어요. 잠을 자지 않도록 하는 데도 빛을 활용할 수 있습니다. 3천 럭스에서 1만 럭스 정도의 강렬한 빛을 쬐어주면 멜라토닌 분비가 억제되기 때문에 졸리고 깨는 시간을 바꿀 수 있어요. 이런 강도의 밝은 빛은 밤에는 쬐기 어렵기 때문에 광치료 기기를 활용합니다.

야간 근무 시작 직후에 20분씩 최소 4회를 쬐어주면 잠에서 깨는 것을 도와줘요. 또한 야간 근무 시작하기 30분에서 두 시간 전에 30~50분 동안 잠을 보충해주면 근무자의 업무 수행력이 높아지고 근무자는 잘 깨어 있게 됩니다.

교대 근무를 하다 보면 피곤하기 때문에 휴무일에는 부족한 잠을 몰아서 자거나, 오랫동안 누워 있게 되어요. 그런데 앞에서도 배웠듯이, 침대에 오랫동안 잠을 자지 않고 깨어 있는 상태로 누워 있으면, 뇌는 더는 침대를 자는 공간이라고 인지하지 못해요. 그래서 실제로 잠을 자고 싶을 때 잡념이 더 많아지고 불면증을 겪을 수 있어요. 물론 야간 근무를 하면 수면이 부족하기 때문에 평소보다 잠을 보충해야 할 것 같다는 생각이 들 수 있어요.

## 3. 수면 부채 해결하기

수면이 실제로 부족하다면, 내가 얼마나 잠을 보충해야 하는지 나의 수면 부채를 다음과 같이 계산해보세요. 수면 부채를 계산한 다음, 필요한 수면 부채만큼(1~3시간 사이) 잠을 더 자면 되어요.

**수면 부채 = A날의 수면 시간 − 일주일 동안의 평균 수면 시간**

순환 교대 근무를 하다 보면, 매일의 근무 일정에 따라 수면 시간도 변동될 수 있어요. 일반적으로 야간 근무 후, 휴무일이 지나고 다시 주간 근무로 들어올 때 가장 잠을 자기 어렵다고 많은 사람이 호소해요. 그 이유는, 휴무일에는 야행성처럼 늦게 자고 늦게 일어나고, 다시 주간 근무를 할 때는 일찍 자고 일찍 일어나야 하기 때문이에요.

우리의 생체리듬은 시계 방향으로 변화할 때 적응이 더 빠르고, 반시계 방향으로 가면, 즉 늦게 자다가 더 일찍 자려고 노력하면 적응이 훨씬 어려워요. 해외여행을 갈 때도 유럽 등 대한민국 서쪽에 있는 나라에 갈 때는 시차 적응이 좀 더 쉽지만, 미국 등 동쪽에 있는 나라에 가면 시차 적응이 더 오래 걸리는 것과 마찬가지입니다. 늦어진 나의 취침 시간을 앞당기는 것은 어려운 일이에요(주말에 늦게까지 놀다가 월요일 등교나 출근을 앞두고 일찍 잠자리에 들었는데 오랫동안 잠을 이루지 못하고 뒤척인 경험이 있다면, 취침 시간을 앞당기는 것이 그리 쉽지 않다는 것을 이해할 수 있을 거예요).

그렇기 때문에 교대 근무를 할 때 이런 부분을 피하려면 수면을 '고정'하는 방법을 활용해야 해요. 수면을 고정한다는 것은, 전날 잔 시간과 오늘 잘 시간을 최대한 비슷하게 하도록 노력하는 것입니다. 수면 시간이 계속 바뀌지만, 최대한 비슷한 시간에 자면 몸에 무리가 덜 될 수 있어요.

## 주변의 도움을 받으세요

교대 근무를 외로운 싸움이라고 표현하는 분들을 많이 만납니다. 잠 문제로 인한 고통으로 술에 지나치게 의존하는 분들도 많이 보았어요. 24시간 굴러가야 하는 사회를 교대 근무자가 힘겹게 지탱하고 있지만, 사회는 생체리듬에 역행하는 삶의 고통을 잘 알지 못합니다. 그래서 교대 근무자의 수면 문제에 더 관심을 가져야 해요.

직장에서는 교대 근무자의 수면을 우선시하여 최대한 생체리듬에 어긋나지 않는 삶을 살 수 있게 근무 일정을 짜고, 잠을 보충할 수 있는 시간과 공간을 충분히 마련하면 좋겠어요. 최근에 교대 근무자들이 주로 근무하는 네덜란드 회사에서 강연을 한 뒤, 관리자로부터 근무지 내에 수면실을 설치했다는 소식을 전달받은 적이 있어요. 이런 작은 변화와 노력들이 야간 근무 후 근무자들의 졸음운전을 방지하여 사람을 살립니다.

또한, 교대 근무자의 수면 문제는 주변 분들도 함께 노력해야 더 좋아질 수 있어요. 가족들도 함께 수면 교육을 받는 것이 좋고, 다른 가족구성원이 낮에 생활하는 동안에 교대 근무자는 잠을 자야 한다는 것을 이해하는 과정도 중요해요. 교대 근무자가 홀로 외롭게 잠과 싸우지 않도록 함께 노력해보면 좋겠습니다.

# 글로벌 여행자를 위한
# 시차 극복 방법

　제주도로 신혼여행을 가는 것도 멀리 여행을 떠나는 것이라고 기뻐하던 이전 세대와는 달리, 지금 세대는 기술의 발전 덕분에 마음만 먹으면 시간대가 다른 나라로 언제든 여행할 수 있게 되었습니다. 글로벌 시장이 넓어짐에 따라 해외 출장이 잦은 직업이 생겼으며, 올림픽과 같은 국제 스포츠 행사가 개최되면서 운동선수들이 다른 나라에 가서 시합을 벌이며 최상의 실력을 보여줘야 하는 상황도 생겼어요. 그래서 수면 연구를 하다 보면, 특정 직군에 있는 사람들이 해외로 시합을 나가거나 출장을 갈 때 시차 적응을 효율적으로 해서 최상의 컨디션을 유지하며 좋은 성과를 낼 수 있도록 자문을 해달라는 의뢰를 종종 받아요. 해외 출장이 잦은 직군에 있는 사람뿐만 아니라 휴가나 방학 동안에 해외

여행을 가서 시차 방해를 받지 않고 여행을 즐기려는 사람
도 시차 적응 방법이 궁금할 거예요.

## 시차 장애란?

시차를 경험하는 것을 '장애'라고 표현하는 것이 과하게
보일 수 있지만, 보통 2시간 이상 시차가 생기는 나라로 여
행을 떠났을 때 시차 장애jet lag disorder를 경험한다고 정의
해요. 대한민국을 기준으로 했을 때 서쪽으로는 태국보다 더
먼 나라로, 동쪽으로는 뉴질랜드보다 더 먼 나라로 여행을
떠나면 이를 경험할 수 있어요. 시차 장애에 걸리면 여행지
에 도착하고 나서 하루나 이틀 이내로 밤에는 불면증 증상
이, 낮에는 과도한 졸림 증상이 나타나며, 전반적으로 낮에
멍하고 기운이 없으며 소화가 잘 안되는 증상이 나타나요.
우리 내부에 설정된 생체리듬이 우리가 다른 시간대가 있는
나라로 가는 속도만큼 빠르게 적응하지 못하기 때문에 이
장애가 발생해요. 즉 출발지에 맞춰져 있는 나의 생체리듬과
여행지의 새로운 시간대가 어긋나서 생기는 현상이에요. 시
차로 인한 증상은 보통 하루나 이틀 정도 지나면 사라지기
때문에 일시적이에요. 그러나 시차 적응을 자주 해야 하는

승무원이나 해외 출장이 잦은 직군의 사람은 후유증에 오랫동안 시달릴 수 있어요.

한 가지 흥미로운 것은, 저녁형 인간이 아침형 인간보다 시차 적응을 잘한다는 사실이에요. 저녁형 인간은 아침형 인간보다 평소에 수면을 더 불규칙하게 취하는 경향이 있는데, 이런 생활을 유지할 수 있는 이유는 수면위상이 유연하기 때문이에요. 즉 수면을 불규칙하게 취하더라도 쉽게 적응한다는 뜻이에요. 그래서 일반적으로 저녁형 인간이 아침형 인간보다 시차 적응을 더 잘하는 경향이 있어요. 특히 서쪽 지역의 나라로 여행을 떠날 때에는 매일 조금씩 더 늦게 일어나야 하는데, 이것은 저녁형 인간이 제일 자신 있게 할 수 있는 것 중 하나예요!

## 여행지에 따라 달라지는 시차 적응

해외여행을 가게 되더라도 여행을 떠나는 방향이 서쪽인지 동쪽인지에 따라 시차와 관련된 양상이 다르게 나타나요. 서쪽 지역의 나라로 여행을 가게 되면, 달라진 시간대 때문에 내부 생체리듬이 매일 약 92분씩 늦어져요. 즉 매일 약 한 시간 반씩 늦게 일어나도 되는 거예요. 반면에 동쪽 지역의 나라로 여행을 가게 되면, 내부 생체리듬은 매일 약 57분씩 당겨진다고 해요.[41] 즉 매일 한 시간 정도 더 빨리 일어나게 맞춰지는 것이에요. 상식적으로 생각할 때, 매일 조금씩 더 늦게 일어나는 것이 쉬울까요, 더 일찍 일어나는 것이 쉬울까요? 서쪽 지역의 나라로 여행을 갈 때는 비교적 시차 적응이 쉽고, 동쪽 지역의 나라로 여행을 갈 때는 시차 적응이 더 어려워요. 특히 동쪽으로 멀리 가면 갈수록 시차 적응이 더 오래 걸려요. 그러나 여행지에 도착해서 시차 적응을 빠르게 했다고 기분이 좋더라도 이것 하나는 기억해주세요. 여행지에서 시차 적응이 쉬우면 귀국했을 때 시차 적응이 두 배로 어렵고, 여행지에서 시차 적응이 어려웠다면 오히려 돌아왔을 때는 더 쉬울 수 있다는 것을요!

## 시차 적응을 위한 솔루션

시차에 더 잘 적응하기 위한 솔루션 중 가장 많이 연구된 주제는 자는 시간을 출발하기 전에 조정하는 것, 광치료를 받는 것, 멜라토닌을 사용하는 것이에요. 특히 동쪽 지역의 먼 나라로 여행을 떠날 계획이라면 평소보다 훨씬 일찍 일어나야 하므로 자고 일어나는 시간을 여행지 시간대에 맞춰 조금씩 조정하는 것이 좋아요.

이뿐만 아니라, 만약 내가 자는 시간을 현지 시각에 맞춰 뒤로 미루고 싶다면, 이른 아침에는 밝은 빛을 피하고, 오후나 이른 저녁 시간에 밝은 햇빛을 쬐면(혹은 광치료를 받으면) 되어요. 반대로 자는 시간을 앞당기고 싶다면, 아침 일찍 밝은 빛을 쬐고, 오후나 이른 저녁에는 빛을 피하는 것이 좋아요.[42]

예를 들어, 서울에서 파리로 여행을 가고자 하는 여행자가 있다고 가정합시다. 서울에 거주하고 있는 여행자가 12시부터 7시까지 잠을 잔다고 하면, 그 여행자의 최저 기초체온은 새벽 4시쯤(주로 기상하는 시간 3시간 전, 파리 시간으로는 저녁 9시)으로 추정되어요. 최저 기초체온이 되면 수면을 유지할 수 있게 되며, 에너지 사용이 최소화되어 휴식에 집중할 수 있게 됩니다. 그래서 최저 기초체온이 중요해요. 그뿐만 아니라 우리 몸의 기초체온이 최저치에 도달하는 시각에는 회복을 촉진하는 서파 수면(3, 4단계 수면)이 증가하기 때문에 수면의 질이 높아집니다.

만약 서울에서 오전 9시에 출발하는 파리행 비행기를 탔다면, 파리에 오후 2시 30분(현지 시각)에 도착하게 됩니다. 이미 도착한 시간부터 졸리기 시작하겠지만, 낮에 활동하려면 자는 시간을 뒤로 미뤄야 하기 때문에 아침에는 빛을 피하고, 오후나 초저녁에는 밝은 빛을 쬐주어야 해요. 특히 새벽 4시(현지 시각 9시)로 최저 기초체온이 맞춰져 있다면, 최저 기초체온 시각을 일곱 시간 뒤로 늦춰야 하기 때문에 시차 적응을 완벽하게 하는 데는 4~5일이 넘게 걸릴 수 있어요. 출발하기 전에 미리 늦게 일어나서 자는 시간을 뒤로 미루고, 도착해서 광치료를 받으면 시차로 인해 시달리는 시간을 줄일 수 있어요.

반대로 동일한 여행자가 서울에서 오전 9시에 출발해 직항으로 샌프란시스코에 오전 8시(현지 시각)에 도착한다면, 최저 기초체온 시각이 새벽 4시였다가 현지에서는 오후 12시가 됩니다. 만약 서울에서 오전 9시에 출발한다면, 샌프란시스코에는 새벽 4시(현지 시각)에 도착하게 되어요. 도착하면 서울에서 잠을 자던 것보다 여덟 시간이나 일찍 취침을 해야 하는 일이 벌어집니다. 만약 아무 생각 없이 출발하면, 도착해서 시차에 적응하는 데 8일 이상 걸릴 수 있어요.

체류 기간에 잠 때문에 졸면서 시간을 낭비하고 싶지 않다면, 출발하기 전에 매일 한 시간씩 더 일찍 일어나보도록 해요.[43] 그러나 동쪽 지역의 나라로 여행을 갔을 때 이렇게 기상 일정을 앞당기는 것이 쉽지 않아요. 그 이유는 잠을 앞당기려면 취침 시간을 앞당겨야 하는데, 일찍 자려고 하면 입면하는 데 오래 걸리고 쉽게 잠이 오지 않기 때문이에요. 다시 말해 졸린데도 온전히 의지로 기상을 해야 해서 실천하는 데 어려움이 있어요. 그래서 최소한 도착해서 오전에 밝은 빛을 쐬주고, 배고프지 않아도 아침 식사를 꼭 하며, (쉽지 않겠지만) 아침 운동까지 하면 시차 적응이 한결 수월하다고 해요.

여러 연구에서 출발하기 전에 수면 스케줄을 조정하는 것, 밝은 빛을 쐬는 것뿐만 아니라 멜라토닌을 복용하는 것도 어느 정도 효과가 있다는 결과가 나왔어요. 가장 많이 사용하는 멜라토닌 용량은 3~5밀리그램이에요. 멜라토닌을 복용하면 시차가 열두 시간인 국가에서도 시차 적응을 하는 데 도움을 받을 수 있다고 해요. 또한 멜라토닌을 사용하면 자는 시간이 늘어나고, 시간대가 맞지 않아 자주 깨는 것을 어느 정도 예방할 수 있다고 해요.[44] 특히 여러 연구에서 여행 중에 멜라토닌을 사용하는 것이 코르티솔이나 멜라토닌의 분비 시점 변화를 유도하여 빠르게 시차 적응을 도와준다고 했어요. 또한 낮에도 덜 피곤하게 해줘 도착해서 여정을 즐길 수 있게 해줍니다.

저와 같은 수면학자들은 전 세계에서 매년 열리는 세계 수면학회에서 서로의 연구를 교류하기 위해 종종 만나기도 해요. 보통 비행기에서 광치료 기기를 우스꽝스럽게 장착하고, 현지 시각을 따져 시간에 잠을 청하는 분들을 보면 목적지가 같은 동료 수면학자라는 것을 짐작할 수 있어요. 이런 수면학자들도 시차 적응이 힘들다는 이유로 장거리 여행을 마다하지 않는 것처럼, 전 세계를 자유롭게 누빌 수 있는 오늘날 더 넓은 세상을 경험하며 다양한 문화를 향유할 때 시차 적응의 어려움으로 인해 수면이 걸림돌이 되지 않기를 바랍니다.

베개맡 상담소

## Q  우주인은 우주에 가면 어떻게 잠을 자나요?

**A**  잠을 더 잘 잘 수 있는 환경을 조성하기 위해 매트리스를 바꾸고, 조명을 은은하게 교체하며, 온도 및 습도를 정확하게 맞추는데도 여전히 수면이 만족스럽지 않으신가요? 그렇다면 우주인들이 우주에 가서 잠을 어떻게 자는지 한번 들어보세요.

실리콘 밸리와 스탠퍼드 대학교가 있는 북가주 캘리포니아 지역에서 101번 국도를 타고 가면, 미국 나사NASA의 한 연구센터인 에임스Ames 연구센터가 있어요. 그리고 그 연구소에는 피로 대책 연구실 Fatigue Countermeasures Laboratory이라는 곳이 있고, 그곳에서는 우주인들이 우주에 가서 더 잘 잘 수 있는 방법을 수년간 연구하고 있어요.

우주에 가면 모든 것이 캄캄합니다. 우주에 가면 우리의 생체리듬을 관여하는 빛에 노출되지 않아 생체리듬이 교란되어요. 그리고 우주인들은 교대 근무자와 비슷하게 우주선에서 밤낮 구분 없이 근무해야 해요. 무엇보다도 중력이 없는 그곳에서 잠을 자려면 장치를 사용해서 자는 동안에 몸이 떠다니지 않게 몸을 묶어두어야 해요. 그런데 손은 자유로워야 하기 때문에 손을 묶지 않아 자는 도중에 팔이 계속 몸 앞으로 강시처럼 떠올라서 깨게 된다고 해요. 그 외에도

212

우주선에서 나오는 각종 소음, 달에서 뿜어져 나오는 미세먼지moon dust, 우주에 있다는 긴장감, 가족과 떨어져 있어야 하는 스트레스 등으로 우주에 가서 잠을 자는 것이 어려운 일이라고 합니다.

우주비행을 떠나기 전부터 나사에서는 우주인들의 잠이 어떤지 검사를 하는데, 우주에서는 지구에 있을 때보다 한 시간은 덜 잔다고 해요. 우주인이 우주에 머무는 동안 수면을 개선하기 위해 수면제를 사용하려는 시도가 있었지만, 아쉽게도 우주에서 수면제로 우주인들의 수면 시간이 연장되거나 수면의 질이 크게 올라가지는 못했어요.[45]

잠을 잘 수 있는 조건이 유독 까다로운 분이라면, 우주인들을 꼭 기억했으면 합니다. 아직도 특별한 묘안은 못 찾았지만, 지금도 이 연구실은 우주인들의 수면을 개선할 방법을 연구하고 있다고 해요. 베개가 너무 높아서, 더워서, 냉장고 소리가 귀에 거슬려서 등과 같은 이유로 잠을 잘 수 없다고 불평하고 있었다면 저 멀리 우주에서 몸을 동여매고 강시처럼 서서 자는 분들도 있다는 것을 한번 떠올려보세요. 그들도 지구에서만큼은 아니지만, 우주선을 운행할 만큼 잠을 자고 있어요.

우리의 몸은 때가 되면 자연스럽게 중력의 법칙처럼 잠을 자고 싶어 해요. 조급하다고 해서 잠을 쫓아다니지 마세요. 우주인들은 온갖 어려운 상황에서도 잠을 더 많이 자려고 애씁니다. 그 사실을 떠올린다면, 오늘 누워서 자는 침대가 한결 더 편안하게 느껴지실 거예요.

# 잠을 위한 삶이 아닌,
# 삶을 위한 잠으로

이제는 잠을 잘 수 있는 나만의 방법을 알게 되었나요? 우리의 잠은 모두 다르고, 사연이나 극복 방법도 제각각이기에 누군가의 방법을 무분별하게 따르기보다는 나의 성향과 수면 습관을 잘 들여다보는 것이 중요해요. 이 책에서 소개한 다양한 질문지와 치료법에 기반해서 자신의 수면을 이끌어가는 경험을 해보시길 바랍니다.

잠은 건강뿐 아니라 마음도 지킬 수 있는 중요한 보호자예요. 그리고 잘 자려면 나의 마음을 잘 들여다보아야 하죠. 따라서 잠에 관한 물리적인 조언뿐 아니라 마음을 관찰하고 자신의 하루를 돌아볼 수 있는 심리적인 대화도 스스로 많이 나누어야 합니다.

다른 사람과 관계를 잘 맺어 갈등의 소지를 줄이면 밤이 좀 더 편안할 수 있어요. 자기주장을 적절히 잘할 수 있다면 불필요한 업무를 떠안지 않아도 되기 때문에 잠을 줄이지 않을 수 있고, 힘든 일이 닥쳤을 때 스트레스를 잘 조절하고 빠르게 평정심으로 돌아갈 수 있다면, 바쁜 하루를 효율적으로 살 수 있다면 낮의 어려움이 밤까지 새어 들어가지 않게 할 수 있습니다. 타고난 기질도 영향을 미치겠지만, 처음부터 이런 능력을 탁월하게 타고난 사람은 없어요. 모두 살면서 배워나가는 것들이에요.

이런 부분이 우리의 잠의 양과 질을 크게 좌우합니다. 잠을 잘 자려면 자신의 마음 상태를 돌아보며 지금이라도 필요한 심리기술이 무엇인지 살펴보고 배우려고 애쓰며 연습해야 합니다. 잠을 자기 위해 사는 삶이 아니라 진정으로 살기 위해 잠을 자는 삶이 될 수 있도록 우리의 밤과 낮이 모두 평안하기를 바랍니다.

1 이상수. (2021). 수면 부족의 결과는 아.뚱.명.단. 정신의학신문. (3월 23일).
https://www.psychiatricnews.net/news/articleView.html?idxno=17984

2 Dawson, D., & Reid, R. (1997). Fatigue, alcohol, and performance
impairment, *Nature*, 388, 235. https://www.nature.com/articles/40775

3 Joo, E. Y., Kim, H., Suh, S., Hong, & S. B. (2014). Hippocampal substructural
vulnerability to sleep disturbance and cognitive impairment in
patients with chronic primary insomnia: Magnetic resonance imaging
morphometry. *Sleep*, 7(7), 1189-1198.

4 Shi, L., et al. (2018). Sleep disturbances increase the risk of dementia: A
systematic review and meta-analysis. *Sleep Medicine Reviews*, 40, 4-6.

5 Everson, C. A., Bergmann, B. M., & Rechscaffen, A. (1989). Sleep
deprivation in the rat: III. Total sleep deprivation. *Sleep*, 12(1), 13-21.

6 Ibid.

7 Cardon J. H., Eide E. R., Phillips K. L., & Showalter M. H. (2018). A model
of sleep, leisure and work over the business cycle. *Journal of Economic
Dynamics and Control*, 95, 19-36.

8 Council, B. S. (2021). Survey: Americans don't value sleep. (May 14).
https://bettersleep.org/research/survey-americans-dont-value-sleep/

9 Ohayon, M. M. (2002). Epidemiology of insomnia: What we know and
what we still need to learn. *Sleep Medicine Reviews*, 6, 97-111.

10 Espie, C. A. (2014). The sleep condition indicator: A clinical screening
tool to evaluate insomnia disorder. *BMJ Open*, 4(3), e004183.

11 송수아. (2024). 한국판 수면 상태 지표(Sleep Condition Indicator, SCI)의 타당화
연구. 성신여자대학교 일반대학원 석사학위논문.

**12** Chung, S. J., An, H., & Suh, S. (2020). What do people do before going to bed?: A study of bedtime procrastination using time use surveys. *Sleep*, 43(4), 1-10.

**13** 정선혜, 서수연. (2020). 취침시간 지연행동군의 스마트폰 어플리케이션 사용 양상에 대한 예비연구. *Journal of Sleep Medicine*, 17(1), 49-57.

**14** Janin, A. (2022). Staying up too late?: You may be a 'revenge bedtime procrastinator'. *The Wall Street Journal*. https://www.wsj.com/articles/staying-up-too-late-you-may-be-a-revenge-bedtime-procrastinator-11666842868

**15** Czeisler, C. A., Duffy, J. F., Shanahan, T. L., et al. (1999). Stability, precision, and near-24-hour period of the human circadian pacemaker. *Science*, 284(5423), 2177-2181.

**16** Sharpless, B. A., & Doghramji, K. (2015). *Sleep paralysis: Historical, psychological, and medical perspectives.* Oxford University Press.

**17** Hoopes, E. K., Witman, M. A., D'Agata, M. N., et al. (2023). Sleep variability, eating timing variability, and carotid Intima-Media thickness in early adulthood. *Journal of the American Heart Association*, 12(19), e029662.

**18** Apple. (2023). Estimating sleep stages from Apple Watch. https://www.apple.com/healthcare/docs/site/Estimating_Sleep_Stages_from_Apple_Watch_Sept_2023.pdf

**19** Gavriloff, D., et al. (2018). Sham sleep feedback delivered via actigraphy biases daytime symptom reports in people with insomnia: Implications for insomnia disorder and wearable devices. *Journal of Sleep Research*, 27(6), e12726.

**20** Baron, K. G., Abbott, S., Jao, N., Manalo, N., & Mullen, R. (2017). Orthosomnia: Are some patients taking the quantified self too far? *Journal of Clinical Sleep Medicine*, 13(2), 351-354.

**21** Auld, E. L., et al. (2017). Evidence for the efficacy of melatonin in the treatment of primary adult sleep disorders. *Sleep Medicine Reviews*, 34,

10-22.

22  Erland, L. A., & Saxena, P. K. (2017). Melatonin natural health products and supplements: Presence of serotonin and significant variability of melatonin content. *Journal of Clinical Sleep Medicine*, 13(2), 275-281.

23  Summer, J., & Singh, A. (2023). Melatonin dosage: How much should you take. https://www.sleepfoundation.org/melatonin/melatonin-dosage-how-much-should-you-take

24  Yang, A., Palmer, A. A., & Wit, A. (2010). Genetics of caffeine consumption and responses to caffeine. *Psychopharmacology*, 211(3), 245-257.

25  Drake, C., Roehrs, T., Shambroom, J., & Roth, T. (2013). Caffeine effects on sleep taken 0, 3, or 6 hours before going to bed. *Journal of Clinical Sleep Medicine*, 9(11), 1195-1200.

26  Gardiner, C., Weakley, J., Burke, L. M., et al. (2023). The effect of caffeine on subsequent sleep: A systematic review and meta-analysis. *Sleep Medicine Reviews*, 69, 101764.

27  Bonnet, M. H., & Arand D. L. (2003). Situational insomnia: Consistency, predictors, and outcomes. *Sleep*, 26, 1029-1036; Drake, C. L., Jefferson, C., Roehrs, T., & Roth, T. (2006). Stress-related sleep disturbance and polysomnographic response to caffeine. *Sleep Medicine*, 7, 567-572.

28  Colrain, I. M., Nicholas, C. L., & Baker, F. C. (2014). Alcohol and the sleeping brain. *Handbook of Clinical Neurology*, 125, 415-431.

29  Robbins, R., Epstein, L. J., Iyer, J. M., et al. (2023). Examining understandability, information quality, and presence of misinformation in popular Youtube videos on sleep compared to expert-led videos. *Journal of Clinical Sleep Medicine*, 18(5), 991-994.

30  Frankl, V. E. (1965). *The doctor and the soul* (2nd ed.). New York: Knopf.

31  유은승, 고영건, 성기혜, 권정혜. (2009). 한국판 수면에 대한 역기능적 신념 및 태도 척도에 대한 타당화 연구. *Korean Journal of Clinical Psychology*, 28(1), 309-320.

32  Suh, S., Ebesutani, C. K., Hagan, C. R., et al. (2017). Cross-cultural relevance of the Interpersonal theory of suicide across Korean and U.S. undergraduate students. *Psychiatry Research*, 251, 244-252.

33  Bonnet, M. H., & Arand, D. L. (2007). EEG arousal norms by age. *Psychiatry Research*, 3(3), 271-274.

34  Darchi, N., Campbell, I. G., Tan, X., & Feinberg, I. (2009). Kinetics of NREM Delta EEG power density across NREM periods depend on age and on delta-band designation. *Sleep*, 30(1), 71-79.

35  Hubbard, J., Gent, T. C., Hoekstra, M. M. B., et al. (2020). Rapid fast-delta decay following prolonged wakefulness marks a phase of wake-inertia in NREM sleep. *Nature Communications*, 11(1), 3130.

36  진경선, 김고은. (2020). 후속출산을 포기한 한 자녀 어머니들의 임신 출산 및 양육경험에 대한 질적 분석. 한국보육지원학회지, 16(4), 1-29.

37  Kahn, R. A., Barnett, N., Gradisar, M. (2023). Implementation of behavioral interventions for infant sleep problems in real world settings. *The Journal of Pediatrics*, 255, 137-146.

38  Hoshino, K., Pasqualini, J. C., D'Oliveira, E. P., da Silva, C. P., Modesto, A. E., & Silveira, R. S. M. (2009). Is sleep deprivation involved in domestic violence? *Sleep Science*, 2, 14-20.

39  Ben Simon, E., & Walker, M. P. (2018). Sleep loss causes social withdrawal and loneliness. *Nature Communications*, 9(1), 3146.

40  Keller, P. S., Haak, E. A., DeWall, C. N., & Renzetti, C. (2017). Poor sleep is associated with greater marital aggression: The role of self control. *Behavioral Sleep Medicine*, 18, 1-8.

41  Aschoff, J., Hoffmann, K., Pohl, H., & Wever, R. (1975). Reentrainment of circadian rhythms after phase-shifts of the zeitgeber. *Chronobiologia*, 2, 23-78.

42  Zee, P. C., & Goldstein, C. A. (2010). Treatment of shift work disorder and jet lag. *Current Treatment Options in Neurology*, 12, 396-411.

43  Eastman, C. I., Gazda, C. J., Burgess, H. J., et al. (2005). Advancing

circadian rhythms before eastward flight: A strategy to prevent or reduce jet lag. *Sleep*, 28, 33–44.

44  Paul, M. A., Gray, G., Sardana, T. M., & Pigeau, R. A. (2004). Melatonin and zopiclone as facilitators of early circadian sleep in operational air transport crews. *Aviation Space and Environmental Medicine*, 75, 439–443.

45  McDonagh, D. L., Berger, M., Mathew, J. P., Graffagnino, C., Milano, C. A., & Newman, M. F. (2014). Neurological complications of cardiac surgery. *The Lancet Neurology*, 13(5), 490–502.